金苑文库

中国特色高水平高职学校建设系列成果

浙江省高等教育“十三五”第二批教学改革项目《基于国家文化软实力提升教育的文秘专业教学资源库建设：理论、方法与实践》（jg 20190812）成果

# 文秘专业教学资源库建设的理论、方法与实践

方明星 著

中国轻工业出版社

**图书在版编目（CIP）数据**

文秘专业教学资源库建设的理论、方法与实践／方明星著．—北京：中国轻工业出版社，2024.4
ISBN 978-7-5184-4161-7

Ⅰ.①文…　Ⅱ.①方…　Ⅲ.①秘书学—教学研究
Ⅳ.①C931.46

中国版本图书馆 CIP 数据核字（2022）第 193656 号

责任编辑：张文佳
文字编辑：李金慧　　责任终审：劳国强　　封面设计：锋尚设计
版式设计：砚祥志远　　责任校对：郑佳悦　晋　洁　　责任监印：张　可

出版发行：中国轻工业出版社（北京鲁谷东街 5 号，邮编：100040）
印　　刷：三河市万龙印装有限公司
经　　销：各地新华书店
版　　次：2024 年 4 月第 1 版第 1 次印刷
开　　本：710×1000　1/16　印张：12.75
字　　数：230 千字
书　　号：ISBN 978-7-5184-4161-7　定价：45.00 元
邮购电话：010-85119873
发行电话：010-85119832　010-85119912
网　　址：http://www.chlip.com.cn
Email：club@chlip.com.cn

210750K6X101ZBW

# 前　言

职业教育作为我国高等教育的重要组成部分，其教育的先进性和科学性，与国家工业的现代化息息相关。文秘专业作为高职教育的重要组成部分，如何培养现代秘书，提高现代秘书的职业能力和水平，从宏观上来说，是为国家高水平劳动力培养添砖加瓦；从微观上来说，是专业发展与进化的需要。而专业教学资源库建设，可以充分推动“互联网+”与专业的有效融合，让专业发展与信息时代实现有效衔接。

文秘专业既是传统专业，又是充满活力的新兴专业，发展势头迅猛，对高端技术技能人才培养提出了急切而强劲的要求。随着机器人、自动化、人工智能等一系列最新技术的快速推进，很多传统产业都面临着新的考验与危机；但信息化时代的文秘专业，变得越来越重要。

本书通过翔实的调研数据，来梳理文秘专业人才需求，尤其是随着新技能和新岗位的不停涌现，原有培养模式出现了诸多问题。正确认识问题，才能有效解决问题，书中通过文秘专业教学资源库的建立与应用的理论和实践，为合格的现代秘书人才培养提供了一定的参考方法。

文秘专业国家教学资源库的主要内容包括：搭建“一个平台”——资源库运行与管理平台；“四大中心”——专业中心、素材中心、学习中心、辅教中心；“六大模块”——1+X 证书、文化软实力、文秘名人堂、文秘事务所、文秘训练营、虚拟仿真实验室。通过以上主要内容，整合高职院校优质资源，引入职业企业协同资源，推动文秘专业与互联网的高度融合，实现文秘专业的转型升级，从而为我国新型的文秘人才培养提供有力支撑。

著者

# 目　录

## 第一篇　文秘专业现状调研分析及前景展望

# 第三篇 职业教育文秘专业教学资源库建设：方法与实践

第一篇

# 文秘专业现状调研分析及前景展望

第一章

# 文秘专业现状调研报告

## 一、调研目的、调研对象、调研方式

（一）调研目的

为了彻底掌握文秘专业的发展现状、发展需求以及遇到的问题与障碍，在全国范围内，对文秘人才的培养规格、课程体系等方面进行全面调研。目的是厘清目前文秘专业的人才结构状况、技术技能人才的需求状况，了解企业职业岗位设置情况和有关典型工作任务，了解企业对人才在知识、能力、素质等方面的要求，了解相关院校文秘专业的教学情况、学生就业现状和毕业后跟踪反映出的教学方面的问题，从而为文秘专业教学资源库的建设提供坚实可靠的支撑。

（二）调研对象

1. 企业

将全国按照地理区域分成东、西、南、北、中五个区域，各区域分别安排布置由当地高职院校与企业组成的联合调查小组，综合协调本区域的调研工作；主要选择高职院校学生就业比较集中的中小型企业。

2. 职业院校

兼顾东、中、西部地区的国家示范、国家骨干、省示范及一般院校四个层面的高职院校。

3. 毕业生

面向文秘专业学生进行调查，主要调研内容包括就业率、就业专业相关度、专业满意度、知识技能与岗位匹配度等。

4. 大数据批量抓取

通过“中华英才网”的招聘大数据信息。

（三）调研方式

主要采取第三方线上问卷调研、招聘网站大数据分析、深度访谈、线下问卷调查、材料搜集等形式。

## 二、调研内容

（一）企业调研

调研主要涉及以下内容：企业规模（企业员工数量）、企业所属领域、企业人才需求、企业岗位学习及能力要求等。

具体分为企业深度访谈问卷，包括企业对文秘专业毕业生的优势和不足之处的调研，对文秘专业学生专业技能之外的辅助性技能要求和新时期对文秘专业学生的培养建议等；企业调研问卷，包括企业类别，企业中文秘专业毕业生（高职高专）薪水、入职渠道，企业对文秘专业毕业生的岗位能力要求、认为其欠缺的能力、满意度、职业稳定性、人才需求数量，可提供给文秘专业毕业生的就业岗位，对高职院校文秘专业开设实训项目的建议等。

（二）学校调研

主要调研内容为：文秘专业培养方向、师资队伍建设、教学方法和手段、课程考核方式、实践教学条件、学生就业实习、学生能力培养等。

（三）毕业生调研

毕业生调研的主要内容包括就业率、专业满意率、就业岗位面向等。

（四）大数据批量抓取

通过“中华英才网”调研企业岗位设置、人才需求等内容。

## 三、调研结果分析

（一）企业调研

1. 企业问卷调研分析

（1）问卷来源。本次调研的对象是遍及全国东部、中部、北部、南部四个区域不同行业的 81 家企业，因文秘岗位的特殊性，其分布的行业比较广泛。具体情况如图 1-1~图 1-3 所示。

（2）企业对文秘人才的需求情况。文秘专业岗位的普适性，注定了多数企业单位都需要文秘人才，行业分布极为广泛但需求量相对较小，每家企业未来三年的需求量都保持在 8 人以下，所以对于学校来说，注定不能进行大规模的定向培养。企业文秘人才的入职渠道则主要集中在人才市场和高校。企业对文秘人才的需求岗位主要是行政文员岗、综合岗、人力资源管理岗与前台接待岗。值得注意的是，随着社会经济发展、产业转型升级的需要，企业对文秘专业毕业生提出了新的要求，其中比较突出的是信息技术要求更高、专业化要求更高、知识结构要求更全面、创新意识要求更高等（图 1-4~图 1-8）。

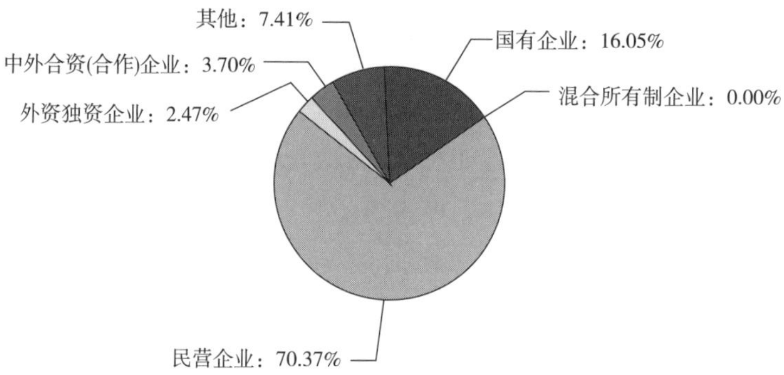


**图 1-1　调研企业类型分布**

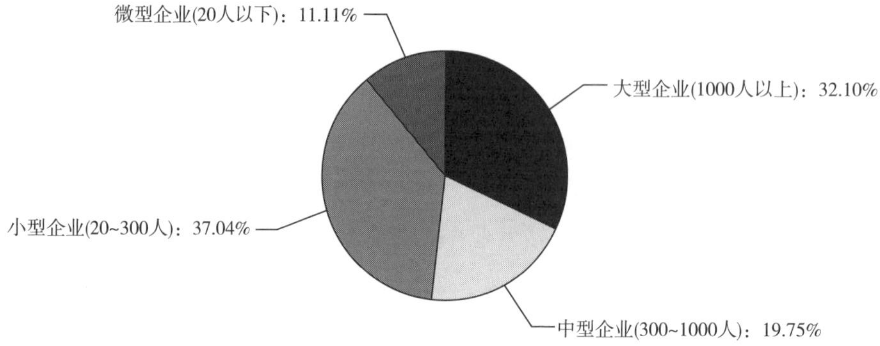


**图 1-2　调研企业规模情况**

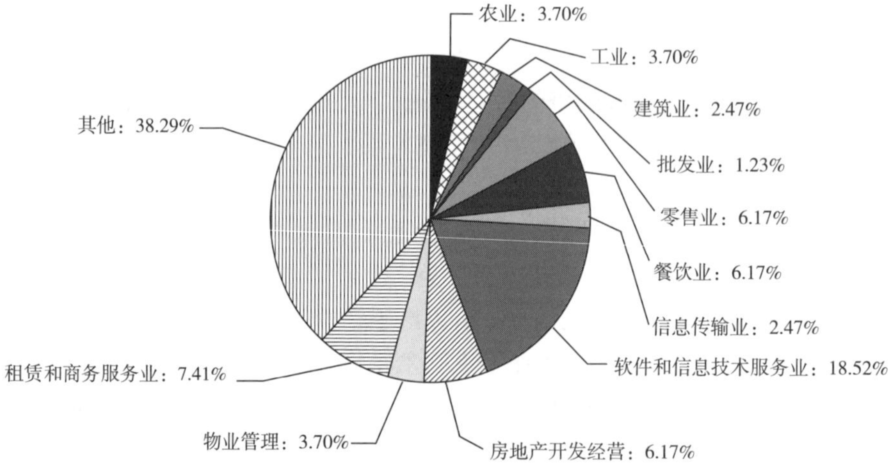


**图 1-3　调研企业行业分布**

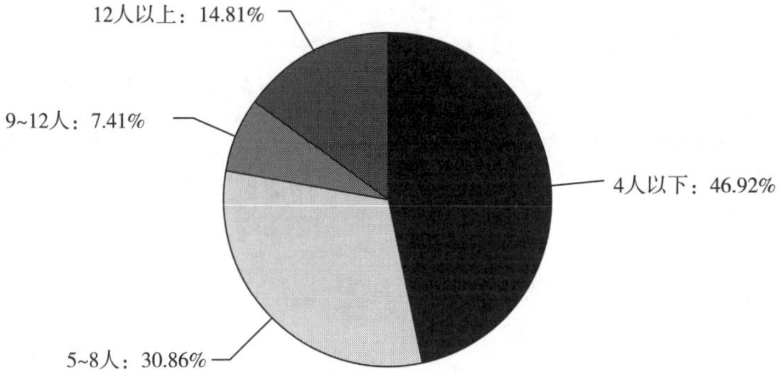


图 1-4　企业对文秘人才的需求情况

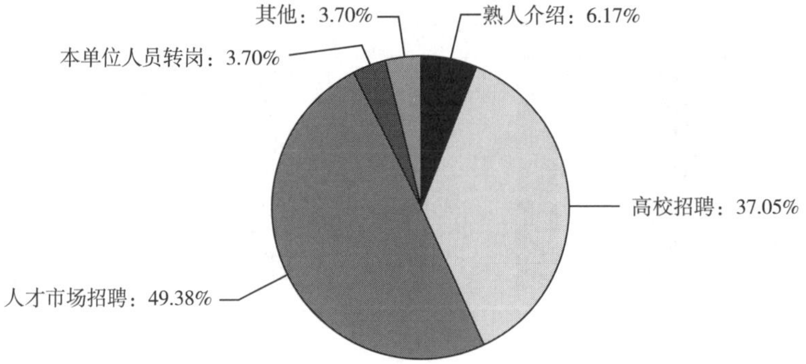


图 1-5　企业文秘人才的入职渠道

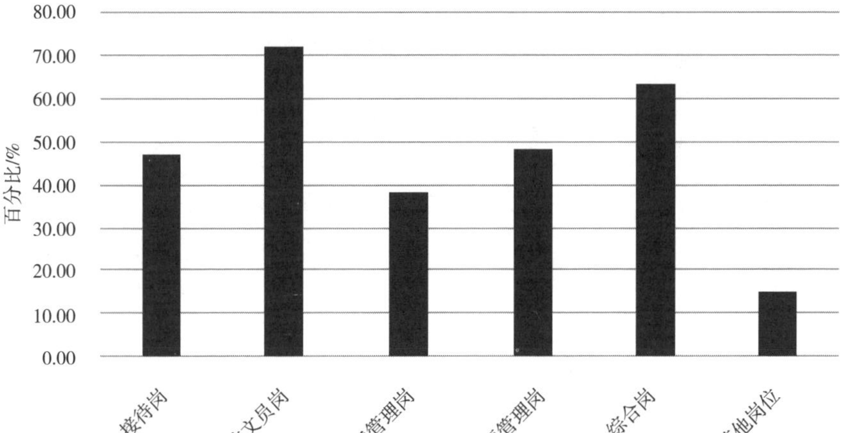


图 1-6　企业对文秘人才的岗位需求

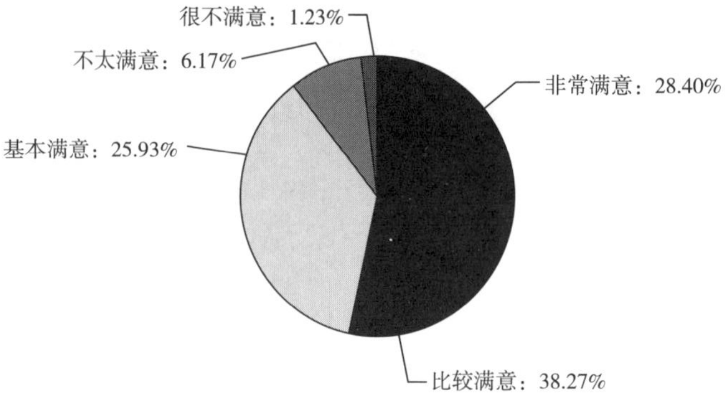


**图 1-7　企业对文秘专业毕业生的满意度**

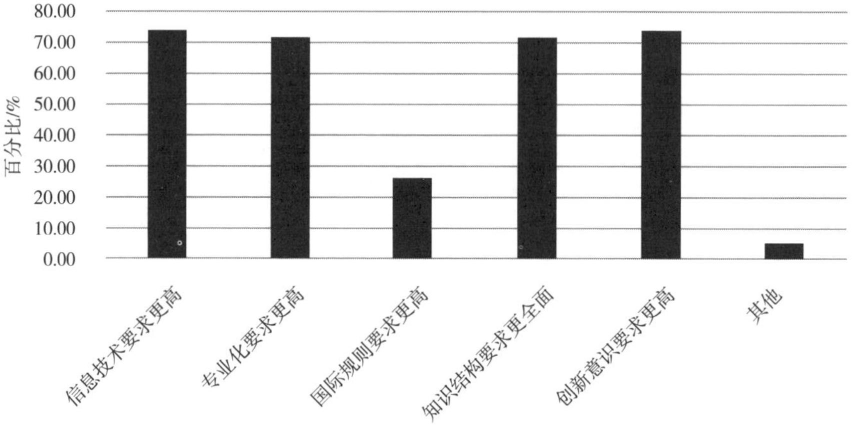


**图 1-8　企业对文秘专业毕业生的新要求**

（3）企业对文秘专业毕业生技能与知识方面的要求。在技能方面，企业对文秘人员能力的要求非常全面，如办公软件使用能力、较强的沟通能力、办公设备操作能力、常用应用文写作能力、会议组织能力等，对这几个方面有较高要求的企业达 70%以上。在知识素养方面，比较意外的是企业对文秘人员综合文化知识的要求高于文秘专业知识，前者占比 92. 59%，后者占比 85. 19%。另外，随着信息化的不断深入，企业对信息化知识的要求也很高，占比 69. 14%。对法律意识也有较高要求，占比 49. 38%（图 1-9～图 1-10）。

（4）企业对高职院校文秘专业学生综合素质的建议。被调研企业普遍认为，文秘专业毕业生所存在的不足主要表现在沟通能力、人际交往、敬业精神、礼仪修养等方面。值得注意的是，这几项能力正是文秘专业着重培养的，需要引起足够的重视（图 1-11）。

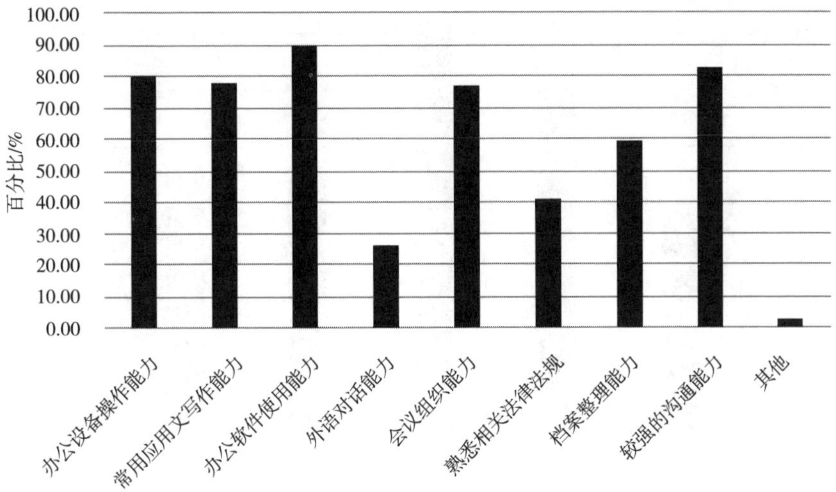


**图 1-9　企业对文秘人员的技能要求**

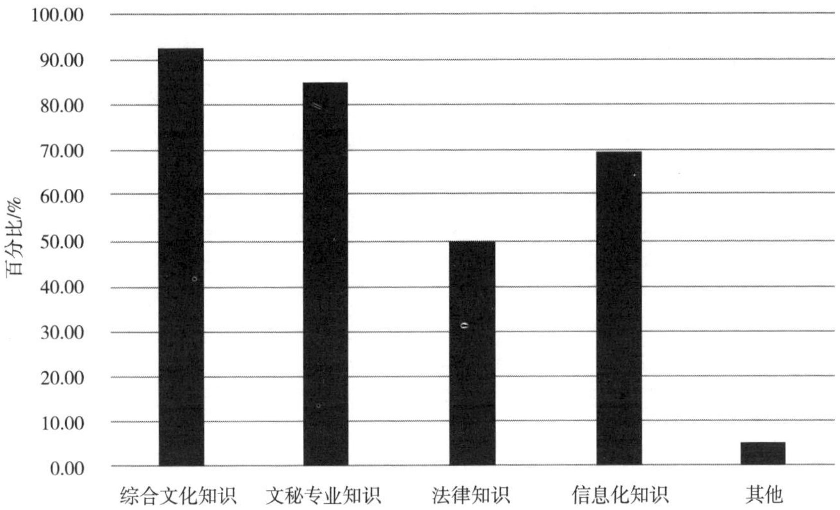


**图 1-10　企业对文秘人员的知识要求**

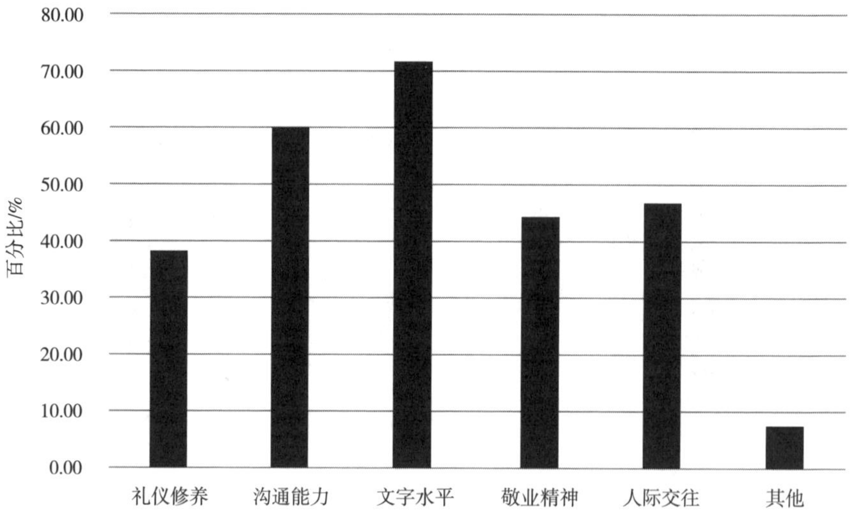


**图 1-11　文秘专业学生综合素质欠缺情况**

企业认为文秘人员应具备的素质与能力，按重要程度分布如下（表 1-1）：排在第一位的是职业道德，第二位的是团队合作意识，第三位的是沟通能力，第四位的是写作能力，第五位的是心理素质。从前五位素质和能力可以看出，企业对文秘人员的职业道德和团队素养要求很高，这也是做好专业工作的前提，缺乏这些素养，文秘人员的专业能力也很难有发挥的余地。

**表 1-1　文秘从业人员综合素质排序表**

| 题目 | 选项 | | | | | 平均分 |
|---|---|---|---|---|---|---|
| | 5 | 4 | 3 | 2 | 1 | |
| 职业道德 | 68（83.95%） | 6（7.41%） | 4（4.94%） | 1（1.23%） | 2（2.47%） | 4.69 |
| 专业知识体系 | 44（54.32%） | 26（32.1%） | 7（8.64%） | 2（2.47%） | 2（2.47%） | 4.33 |
| 文化艺术素养 | 35（43.21%） | 24（29.63%） | 19（23.46%） | 2（2.47%） | 1（1.23%） | 4.11 |
| 团队合作意识 | 62（76.54%） | 9（11.11%） | 8（9.88%） | 0（0.00%） | 2（2.47%） | 4.59 |
| 信息素养 | 44（54.32%） | 22（27.16%） | 11（13.58%） | 1（1.23%） | 3（3.70%） | 4.27 |
| 法律素养 | 23（28.40%） | 27（33.33%） | 22（27.16%） | 6（7.41%） | 3（3.70%） | 3.75 |
| 心理素质 | 51（62.96%） | 19（23.46%） | 6（7.41%） | 3（3.70%） | 2（2.47%） | 4.41 |
| 写作能力 | 50（61.73%） | 21（25.93%） | 7（8.64%） | 1（1.23%） | 2（2.47%） | 4.43 |

续表

| 题目 | 选项 | | | | | 平均分 |
|---|---|---|---|---|---|---|
| | 5 | 4 | 3 | 2 | 1 | |
| 沟通能力 | 60（74.07%） | 12（14.81%） | 7（8.64%） | 0（0.00%） | 2（2.47%） | 4.58 |
| 活动组织能力 | 52（64.20%） | 15（18.52%） | 8（9.88%） | 5（6.17%） | 1（1.23%） | 4.38 |
| 计算机操作能力 | 38（46.91%） | 29（35.8%） | 11（13.58%） | 1（1.23%） | 2（2.47%） | 4.23 |
| 外语能力 | 14（17.28%） | 25（30.86%） | 30（37.04%） | 7（8.64%） | 5（6.17%） | 3.44 |
| 创新能力 | 39（48.15%） | 19（23.46%） | 18（22.22%） | 3（3.70%） | 2（2.47%） | 4.11 |

（5）企业对文秘专业实训项目的建议。针对文秘专业学生入职后的工作实践，企业建议学校加强实训项目的教学，包括：沟通实训，文书实训，计算机应用技能实训，礼仪实训，办公设备综合实训，档案收集、建档归档实训，信息搜集整合实训，演讲实训等，以上教学建议占比都在50%以上（图1-12）。

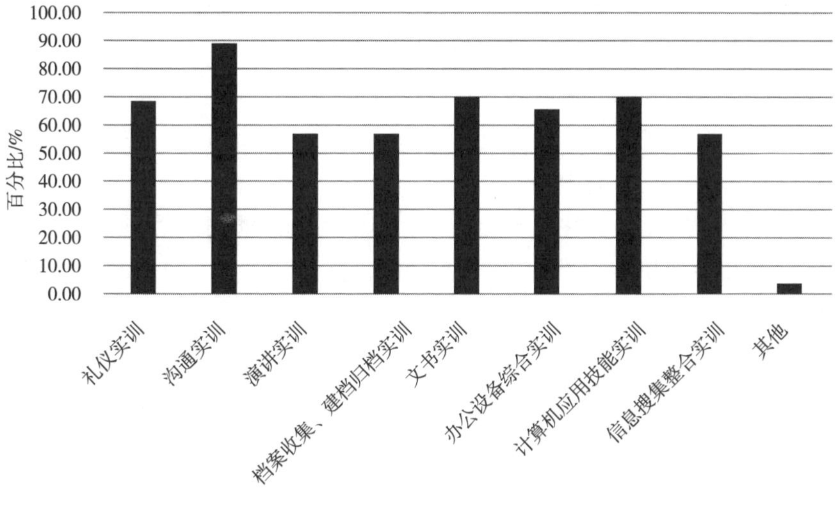


**图1-12 企业对文秘专业实训项目的建议**

2. 企业访谈内容分析

根据东部、南部、中部、北部四个区域数十家企业的访谈情况，综述如下：

（1）文秘专业毕业生优势。首先，文秘专业毕业生经过系统的学习和训练，对文秘、行政工作流程和做事方法都熟悉，可以直接上手工作，节省了大量培训时间；其次，会熟练使用打印机、扫描仪、传真机等办公设备；再次，文档书写格式规范，专业性强；最后，具备一定的法律、法规基础知识，遇到简单的法务问题可以直接找到解决方案。

（2）文秘专业毕业生不足。一方面，存在职业发展瓶颈问题，由于本专业学习门槛低，缺少强专业技能，较难跨领域转型；另一方面，对沟通技巧的掌握仅停留在理论知识层面，缺乏实践。

（3）专业素质与技能。

①良好的职业道德与团队合作精神。

②较强的表达能力，包括书面表达能力和口头表达能力。

③较强的文字处理能力。

④能熟练地操作现代办公设备并能适应设备的更新。

⑤一定的现代信息技术的基础知识。

⑥一定的英语水平。

（4）辅助性技能。

①掌握广博的社会知识并具备较强的应变能力。

②掌握丰富的生活知识并具有较强的生活能力。

③具备较为扎实的语言文字功底。

④具备独立做好文秘工作，尤其是运用办公自动化设备处理办公事务的能力，以及其他相关的能力。

⑤具有较强的社会交往、人际应酬和组织协调的能力。

（5）文秘专业毕业生新时期应具备的新能力。文秘专业的教学应把实践技能训练放在突出地位，以培养过硬的实务能力为主线，如知识迭代更新能力、创新创造能力、办公设备操作能力、人际沟通能力、自我管理能力、专业技术能力、新媒体驾驭能力、危机处理能力、日常行政管理能力等。

（6）文秘专业学生培养建议。

①当前的专业课程应该增加深度，以及加强实践。

②建议增加各个方向的辅助课程，开阔视野。

③建议增加管理者培训，如对项目管理、企业管理，以及公司运营模式的学习。

④定期组织学生到挂钩单位进行实习、锻炼，让学生参与本校或有关单位的接待、会场布置、宣传、庆典等工作，让学生在实践中积累文秘工作经验，强化业务知识，提前完成由学生向文秘人员的角色转换。

3. 企业需求大数据抓取分析

以“中华英才网”杭州地区的数据库为依据，选取了“文秘”这个关键词搜索出来的招聘信息为研究样本。

（1）指标选择。在进行数据统计时，从应聘者角度选取了招聘岗位、公文写作能力、沟通能力、学历、专业要求、工资待遇、工作经验、性别、年龄、院校级别这些方面作为调查指标；从招聘企业角度选取了企业规模（员工人数）、企业性质、主营业务范围作为调查指标。

（2）指标数据分析。

①招聘岗位指标。在“中华英才网”的杭州数据库以“文秘”搜索词进行搜索后筛选出 40 家单位的招聘信息，主要的招聘岗位有行政助理、行政专员、技术部助理、理财顾问、前台、人事专员/人力资源专员、文案策划、文秘、文员、销售助理、助理、总经理助理这些招聘岗位。各岗位招聘信息出现的频次如图 1-13 所示。

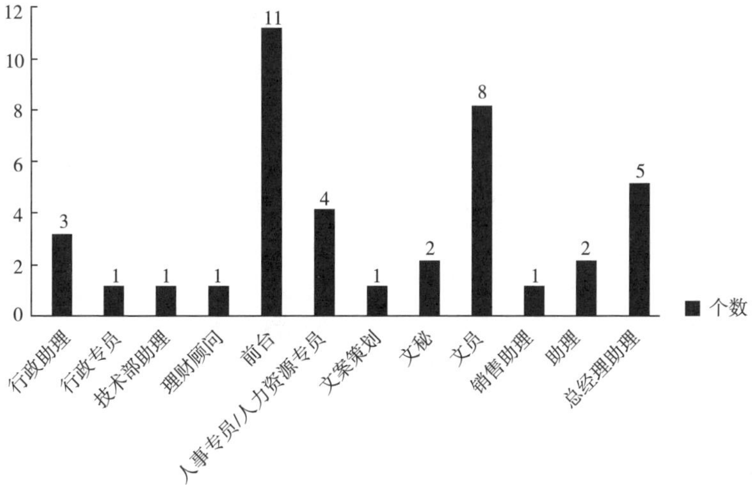


**图 1-13　以“文秘”搜索词搜索出的招聘岗位情况**

图 1-13 显示，首先是前台出现的频次最多，也就是说很多企业通常招聘文秘专业的人来任职前台这个岗位；其次是文员，文秘专业人员比较适合做文员的工作；最后是总经理助理这个岗位，这个岗位一般也是会选择文秘专业的人才。

②公文写作能力指标。针对上文所选择的数据库，对这 40 家单位通过“文秘”一词搜索出来的具体要求，进行简单概括并分类整理后得出图 1-14

的数据。图 1-14 显示只有 6 家单位对应聘者的公文写作能力提出了明确的要求；有 12 家单位所提供岗位的工作内容体现对公文写作能力有要求，但不明确要求，所以这 12 家单位对应聘者的公文写作能力的要求不是硬性的；有 22 家单位对公文写作能力根本就没有要求，这些单位对应聘者的要求基本可以概括为能处理综合性的繁杂事务。

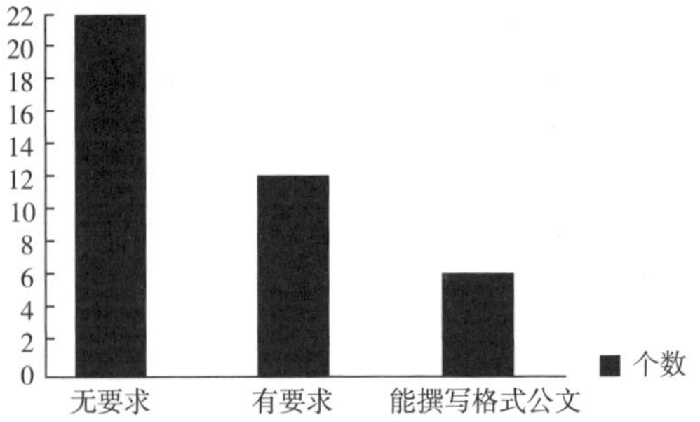


**图 1-14　企业对文秘的公文写作能力要求**

③沟通能力指标。由于无论是秘书、总经理助理、行政专员，还是人事专员、文员等岗位，都需要与其他员工或者企业外的人进行沟通，所以沟通能力是必须具备的。在 40 家样本单位中，绝大多数对应聘者的沟通能力提出了具体要求，如“要求良好”“上佳”“善于沟通”等，也有一些单位没明确写出来，但是根据它们的岗位职责可以判断都是需要员工具备较好的沟通能力。

④工作经验指标。大部分企业对文秘类工作应聘者的工作经验没有明确要求，只是列出“有 1 年相关工作经验者优先，应届毕业生也可”。只有规模较大、企业实力较好的国企对工作经验提出了比较严格的要求：“本科及以上学历且三年及以上工作经验。”当然，这类企业要求高，待遇也高一些，基本是 5000~6000 元的月薪水平，其他福利待遇参考同类国企标准。

⑤企业规模指标。这 40 家被调查的企业具有一定的代表性。由图 1-15 可以看出，样本中 20 人以下的企业只有 1 家，21~50 人的企业有 10 家，51~100 人的企业有 12 家，101~300 人的企业有 8 家，301~500 人及 500 人以上的企业有 9 家。可见，51~300 人的企业占了绝大部分，这也恰好符合现实情况。

（3）大数据结论。

①文秘类工作人员基本是所有企业都需要，企业人数超过 20 人，且需求性增强。规模小的企业和初期创办企业不适合文秘人员就业。

②企业文秘因为缺乏核心技能，进入壁垒低，市场开出的薪资水平不高。因此，文秘专业以后的专业性必须加强。文秘专业的技能优势需要进一步细化、突出。

③对文秘人员有需求的企业所属行业非常广泛，单个企业文秘岗位的需

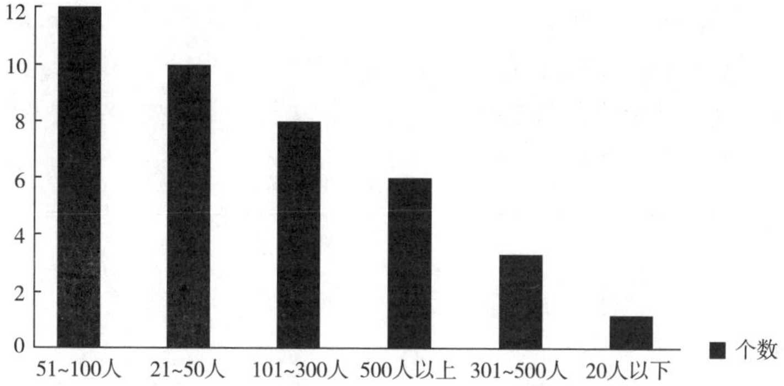


**图 1–15　企业规模指标**

求人数少。文秘专业学生的培养难以和具体的企业与行业形成规模效应，文秘专业的核心技能有待进一步提炼，让专业能力不依托于具体行业，而是依托于职业岗位本身。

（二）院校调研

1. 院校问卷调研分析

（1）问卷来源。从统计数字来看，国家示范学校填写的人数最多，有 57 人次，占 63.33%；省级示范学校填写的人数有 20 人次，占 21.11%；非示范性学校填写的人数有 13 人次，占 14.29%；市级示范性学校填写的人数有 1 人次，占 1.10%。本次调查涵盖所有不同性质的学校（图 1–16）。

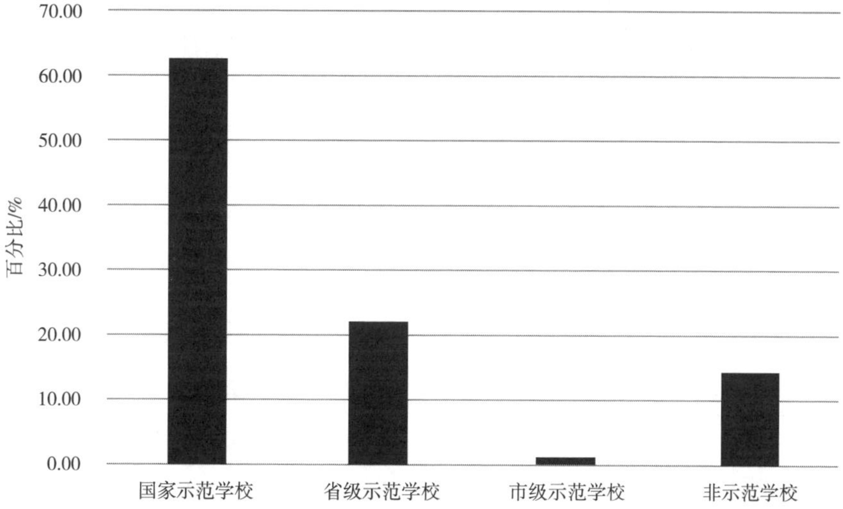


**图 1–16　调研院校分类**

（2）院校文秘专业的专业方向和人才培养定位。在 11 个专业方向中，文秘占主导地位，占 47.25%；速录文秘排第二，占 24.18%；第三是商贸文秘，占 15.38%。这三种专业方向占据 86.81%，是文秘专业方向的主流（表 1-2）。

**表 1-2　文秘专业方向**

| 选项 | 小计 | 比例 |
|---|---|---|
| A. 文秘 | 43 | 47.25% |
| B. 商贸文秘 | 14 | 15.38% |
| C. 涉外文秘 | 1 | 1.10% |
| D. 公关文秘 | 1 | 1.10% |
| E. 财会金融文秘 | 1 | 1.10% |
| F. 文秘（文化产业管理） | 1 | 1.10% |
| G. 法律文秘 | 0 | 0.00% |
| H. 新闻传播类文秘 | 1 | 1.10% |
| I. 速录文秘 | 22 | 24.18% |
| J. 档案管理类文秘 | 1 | 1.10% |
| K. 其他 | 6 | 6.59% |
| 本题有效填写人次 | 91 | |

从人才培养定位来看，文秘专业面向的岗位多达 11 种，其中文秘最多，占 95.60%；文员占 89.01%；行政助理占 79.12%；档案管理员占 59.34%，人力资源管理占 46.15%。其他虽有分布，但数量较为分散，岗位行业特征不明显（表 1-3）。

**表 1-3　文秘专业人才培养定位**

| 选项 | 小计 | 比例 |
|---|---|---|
| A. 文秘 | 87 | 95.60% |
| B. 公关 | 31 | 34.07% |
| C. 文员 | 81 | 89.01% |
| D. 资料员 | 21 | 23.08% |

续表

| 选项 | 小计 | 比例 |
|---|---|---|
| E. 信息员 | 19 | 20.88% |
| F. 客服咨询员 | 16 | 17.58% |
| G. 档案管理员 | 54 | 59.34% |
| H. 客户管理员 | 10 | 10.99% |
| I. 人力资源管理员 | 42 | 46.15% |
| J. 行政助理 | 72 | 79.12% |
| K. 其他 | 7 | 7.69% |
| 本题有效填写人次 | 91 | |

（3）现行文秘专业国家教学标准的使用情况及评价。没有使用现行专业标准的学校有 37 所，占 40.66%；以现行专业标准为参考的有 39 所，占 42.86%；执行现行标准的只有 15 所，占 16.48%。有 83.52%的学校都在自行或半自行开发专业教学标准，这表明现行专业标准已无法满足学校的教学需求（图 1-17）。

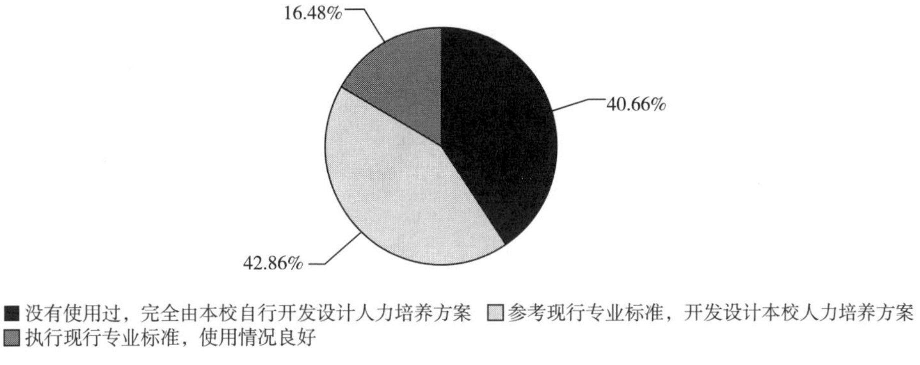


**图 1-17　文秘专业现行教学标准使用情况表**

（4）文秘专业职业资格证书情况。文秘专业通常需要八种职业证书，其中被认为非常重要的四种证书分别为：普通话证书（49.45%），计算机证书（41.76%），速录师职业资格证书（36.26%），驾驶证（31.87%）（表 1-4）。由于教育部取消了秘书职业资格证书，文秘专业的现有证书考试出现了多元化的特点。

**表 1-4　文秘专业职业资格证书重要性比较情况表**

| 题目/选项 | 非常重要 | 比较重要 | 重要 | 不太重要 | 非常不重要 | 平均分 |
|---|---|---|---|---|---|---|
| 速录师职业资格证书 | 33（36.26%） | 13（14.29%） | 24（26.37%） | 17（18.68%） | 4（4.4%） | 2.41 |
| 普通话证书 | 45（49.45%） | 15（16.48%） | 24（26.37%） | 7（7.69%） | 0（0.00%） | 1.92 |
| 人力资源管理师证书 | 17（18.68%） | 30（32.97%） | 32（35.16%） | 12（13.19%） | 0（0.00%） | 2.43 |
| 公关员证书 | 20（21.98%） | 17（18.68%） | 21（23.08%） | 27（29.67%） | 6（6.59%） | 2.80 |
| 计算机证书 | 38（41.76%） | 31（34.07%） | 19（20.88%） | 3（3.3%） | 0.00（0.00%） | 1.86 |
| 驾驶证 | 29（31.87%） | 22（24.18%） | 33（36.26%） | 6（6.59%） | 1（1.10%） | 2.21 |
| 大学英语四级 | 19（20.88%） | 22（24.18%） | 33（36.26%） | 16（17.58%） | 1（1.10%） | 2.54 |
| 雅思英语 | 5（5.49%） | 14（15.38%） | 27（29.67%） | 34（37.36%） | 11（12.09%） | 3.35 |

（5）文秘专业的核心课程开设情况。在文秘专业开设的20门课程中，开设率排在最前面的8门核心课程依次是：秘书写作、办公自动化、秘书形象和礼仪、秘书理论与实务、档案管理、秘书综合实训、秘书学概论、会议管理。最受重视的课程是：秘书写作（表1-5）。

**表 1-5　文秘专业核心课程开设情况表**

| 选项 | 小计 | 比例 |
|---|---|---|
| 秘书理论与实务 | 58 | 63.74% |
| 秘书写作 | 87 | 95.60% |
| 秘书职业素养 | 30 | 32.97% |
| 秘书形象和礼仪 | 61 | 67.03% |
| 办公自动化 | 77 | 84.62% |
| 演讲与口才 | 29 | 31.87% |
| 人际沟通 | 22 | 24.18% |
| 档案管理 | 53 | 58.24% |
| 电脑速记 | 36 | 39.56% |
| 书法 | 7 | 7.69% |

续表

| 选项 | 小计 | 比例 |
|---|---|---|
| 秘书学概论 | 48 | 52.75% |
| 秘书法律基础 | 13 | 14.29% |
| 秘书商务活动策划 | 17 | 18.68% |
| 公共关系学 | 34 | 37.36% |
| 文秘专业英语 | 37 | 40.66% |
| 秘书文化类课程 | 11 | 12.09% |
| 艺术修养 | 7 | 7.69% |
| 办公室管理 | 38 | 41.76% |
| 秘书综合实训 | 49 | 53.85% |
| 会议管理 | 42 | 46.15% |
| 其他（请写出具体课程名称） | 5 | 5.49% |
| 本题有效填写人次 | 91 | |

（6）文秘专业各类型课程开设情况。

①文秘专业技能课程。在开设的技能课程中，首先“文秘信息化技术应用”开设比例最高，占85.71%，最受重视；其次为“口语（普通话）”，占81.32%；再次为“速记”，占79.12%；从次为“中文输入”，占72.53%；最后为“英语运用和交流能力”也占59.34%。总体上五门技能课程都得到重视（表1-6）。

**表1-6　文秘专业技能课程开设情况表**

| 题目 | 选项 | |
|---|---|---|
| | 是 | 否 |
| 1. 速记 | 72（79.12%） | 19（20.88%） |
| 2. 中文输入 | 66（72.53%） | 25（27.47%） |
| 3. 口语（普通话） | 74（81.32%） | 17（18.68%） |
| 4. 英语运用和交流能力（除大学英语以外的英语课程） | 54（59.34%） | 37（40.66%） |
| 5. 文秘信息化技术应用 | 78（85.71%） | 13（14.29%） |

②文秘专业文化知识类课程。调查显示，大部分文秘专业都开设了大学语文、传统文化、艺术素质类课程等，这部分的课程所占比例总体不大（表1-7）。

**表 1-7 文秘专业文化知识课程设置表**

| 选项 | 小计 | 比例 |
|---|---|---|
| A. 大学语文 | 39 | 42.86% |
| B. 传统文化 | 44 | 48.35% |
| C. 艺术素养类课程 | 44 | 48.35% |
| D. 历史哲学类课程 | 20 | 21.98% |
| E. 其他（请列出） | 7 | 7.69% |
| 本题有效填写人次 | 91 | |

③文秘专业实训类课程。文秘专业实训类课程占总课程比例50%以上的有35.16%，40%~50%的有24.18%，30%~40%的有32.97%。总体而言，所有院校对实训类课程都非常重视，尽量减少纯理论课程，转而以实训课程为中心（表1-8）。

**表 1-8 文秘专业实训课程开设情况表**

| 选项 | 小计 | 比例 |
|---|---|---|
| A. 50%以上 | 32 | 35.16% |
| B. 40%~50% | 22 | 24.18% |
| C. 30%~40% | 30 | 32.97% |
| D. 30%以下 | 7 | 7.69% |
| 本题有效填写人次 | 91 | |

（7）文秘专业校企合作与工学交替。调查显示，企业在参与到文秘专业建设的过程中，最常采用的形式就是建设校内外实训基地，其次是为人才培养提供行业意见，使用这两种形式的企业占比都超过60%，这表明文秘专业在发展中非常重视引进行业一线的力量（表1-9）。

**表 1-9 文秘专业校企合作情况表**

| 选项 | 小计 | 比例 |
|---|---|---|
| A. 为人才培养提供行业意见 | 56 | 61.54% |

续表

| 选项 | 小计 | 比例 |
|---|---|---|
| B. 兼职教师 | 32 | 35.16% |
| C. 建设校内外实训基地 | 61 | 67.03% |
| D. 项目式或订单式合作 | 14 | 15.38% |
| E. 校企合作开发课程 | 25 | 27.47% |
| F. 校企共同体建设 | 14 | 15.38% |
| G. 其他 | 3 | 3.30% |
| 本题有效填写人次 | 91 | |

工学交替的形式有五种：集中去企业参与实践、集中去展会或大型活动、统一时间分散式去企业、不同时间分散式去企业、校内各类实践。其中，主要形式是校内各类实践，占69.23%；其次是统一时间分散式去企业（表1-10）。

**表1-10　文秘专业工学交替情况表**

| 选项 | 小计 | 比例 |
|---|---|---|
| A. 集中去企业参与实践 | 27 | 29.67% |
| B. 集中去展会或大型活动 | 21 | 23.08% |
| C. 统一时间分散式去企业 | 42 | 46.15% |
| D. 不同时间分散式去企业 | 25 | 27.47% |
| E. 校内各类实践 | 63 | 69.23% |
| 本题有效填写人次 | 91 | |

（8）文秘专业实训情况。文秘专业设置的主要实训场所，主要集中在办公自动化实训室、计算机速录实训室、会议实训室三种，情景实训室也建设较多，其他如企业外包式实训基地、自营公司式实训基地就很少（表1-11）。

**表1-11　文秘专业实训室建设情况表**

| 选项 | 小计 | 比例 |
|---|---|---|
| A. 办公自动化实训室 | 80 | 87.91% |

续表

| 选项 | 小计 | 比例 |
|---|---|---|
| B. 计算机速录实训室 | 73 | 80.22% |
| C. 情景实训室 | 27 | 29.67% |
| D. 会议实训室 | 40 | 43.96% |
| E. 企业外包式实训基地 | 8 | 8.79% |
| F. 自营公司式实训基地 | 8 | 8.79% |
| G. 其他（请列举） | 10 | 10.99% |
| 本题有效填写人次 | 91 | |

从实训项目上看，大部分学校都将应用文写作实训、办公自动化应用实训、文秘综合实训、礼仪实训、会议/活动管理实训作为实训建设的主要内容，其中应用文写作实训和办公自动化应用实训的占比都超过80%，档案管理/利用实训也占一定比例（表1-12）。

**表1-12　文秘专业实训项目开设情况表**

| 选项 | 小计 | 比例 |
|---|---|---|
| A. 应用文写作实训 | 77 | 84.62% |
| B. 会议/活动管理实训 | 50 | 54.95% |
| C. 办公自动化应用实训 | 74 | 81.32% |
| D. 档案管理/利用实训 | 44 | 48.35% |
| E. 礼仪实训 | 53 | 58.24% |
| F. 办公室管理实训 | 42 | 46.15% |
| G. 文秘综合实训 | 64 | 70.33% |
| H. 其他 | 5 | 5.49% |
| 本题有效填写人次 | 91 | |

2. 院校调研情况总结

根据前面各个项目的调查和登门访谈，笔者发现现行的文秘专业标准与职业岗位对教学的要求有一定的距离，需要修改完善。

（1）专业定位。当今文秘专业定位主要在企业文员。虽然在调查时“文员”排在第二，但经实际查访，排第一的“文秘”岗位，还是围绕文员类工作进行。

（2）课程设置。文秘专业的特色应充分体现在课程上，课程应分为专业基础课程、专业核心课程和专业拓展课程。

专业基础课程包括基础写作、语文素养、文秘速录、社会学，再加上公共基础课程。这些基础知识为核心知识的教学打下坚实的基础。

专业核心课程包括写作、社会文化、组织管理、沟通协调、公关策划、事务处理与信息处理。具体可以开设秘书应用写作、秘书原理与实务、办公自动化、秘书礼仪、秘书心理学、公共关系学、演讲与口才。这些都为学生打造文秘人员的核心能力提供知识和能力支撑。

专业拓展课程包括美学原理、应用美学、摄影与摄像、书法、文书与档案管理、形体训练，调查报告撰写、民俗文化、活动策划与管理、茶文化、酒文化、形式与逻辑。这些课程知识能拓宽文秘专业学生的知识面。

（3）专业能力。文秘专业的学生普遍拘泥于跑腿打杂的琐事，真正扎实的写作能力异常缺乏，主要原因是学生本身基础较差，在短时间内难以提高。因此提高写作能力，开设各个种类的写作课已势在必行。其中，需要注意因材施教，充分激发学生学习兴趣，并提供一定的奖惩措施。

（三）毕业生调研

此次历时两个月的问卷调查共回收有效问卷 317 份，其中男生 40 名，女生 277 名，男、女生占比分别为 12.62%和 87.38%。接受调查的毕业生生源主要分布在全国 20 个省以及国外，呈现不规则地理分布。其中，有 44.79%的毕业生现今在二、三线城市工作；在一线城市市区工作的次之，占 22.40%；在中小城镇工作的占 17.35%；其他在城市郊区与农村地区工作的人数不多。在民营企业工作的人数比较多，占到 59.62%；其次是国有企业与自由职业者；再次是事业单位与政府机关。从结果看，毕业生现今从事的职位或岗位排在前几位的是：总经理助理、行政文员、销售、部门或店面小领导、教师、速录师、客服、财务等，充分说明了文秘专业毕业生就业面向的多样性，这与本专业培养目标的契合度还是相当高的。调查问卷具体内容及调查情况如下。

1. 目前的工作与所学专业是否相关

文秘专业毕业生工作与专业相关度如图 1-18 所示。

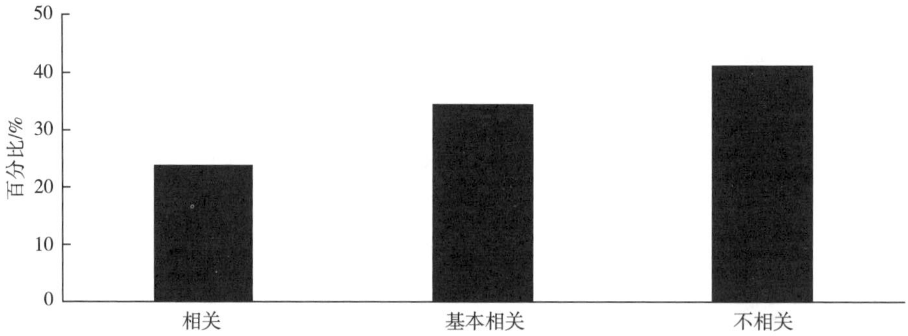


**图 1-18　文秘专业毕业生工作与专业相关度**

分析：可以从图 1-18 中看出，认为不相关的占比比较大，有 41.32%；认为基本相关的为 34.70%，与认为不相关的相差 7 个点左右；认为相关的占比 23.97%，又与认为基本相关的相差 11 个点左右。这反映出文秘专业教育的力度与广度还有所欠缺，毕业生对专业的认知度不高，对专业就业方向的内涵认识不够。

2. 对目前的工作总体满意度及其原因

文秘专业毕业生工作满意程度调研如图 1-19 所示。

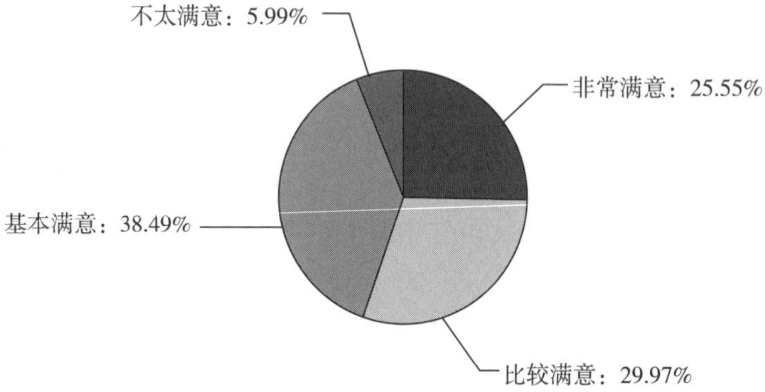


**图 1-19　文秘专业毕业生工作满意程度调研**

分析：可以从图 1-19 中看出，文秘专业毕业生对工作的满意程度还是相当高的，很不满意的几乎没有，不太满意的占 5.99%。这说明文秘专业的就业岗位与专业的契合度还是相当高的，符合毕业生的心理需求。这也从侧面反映出文秘专业的就业方向还是很宽泛的，教学内容的适用度也是相当高的。

另外，有将近45%的毕业生认为收入低是造成其对工作不满意的主要原因，其他原因依次为发展空间小、劳动强度大、与自己兴趣不一致、工作环境氛围差、与专业不对口等。这说明文秘专业的就业岗位在单位中的地位不是很高，发展空间与速度不符合毕业生的预期。一方面反映了毕业生自身能力受专业的限制，得不到有效的施展；另一方面也反映了用人单位对文秘专业的认知度不是很高。

3. 对本专业的人才培养模式和方案的了解程度

文秘专业毕业生专业培养了解程度如图1-20所示。

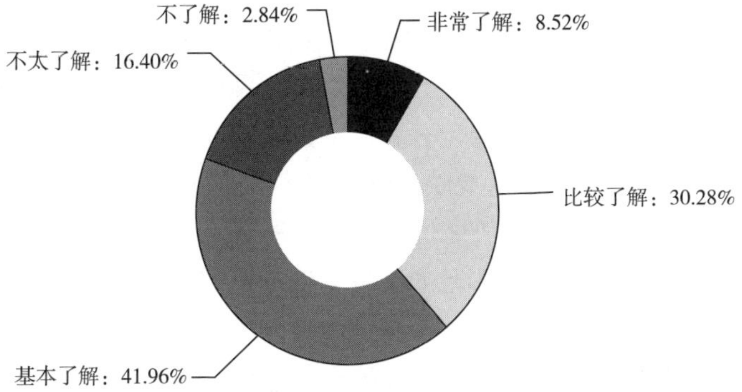


**图1-20　文秘专业毕业生专业培养了解程度**

分析：从图1-20中看出，基本了解文秘专业人才培养内容的人数达到了41.96%，不了解的仅占2.84%，两者相差39.12%。非常了解与比较了解的分别为8.52%与30.28%，不太了解的为16.40%。这反映出毕业生对自己专业培养内容的认知度还是相当高的。

另外，对于职业技能对专业的发展具有较大的促进作用，赞成上述观点的达到59.94%，反对的仅为1.89%。这反映出文秘专业毕业生对于动手技能的需求，也反映出文秘专业的培养内容要更多地侧重于培养学生的动手能力。

4. 对学校实践教学情况的评价

文秘专业实践教学调研如图1-21所示。

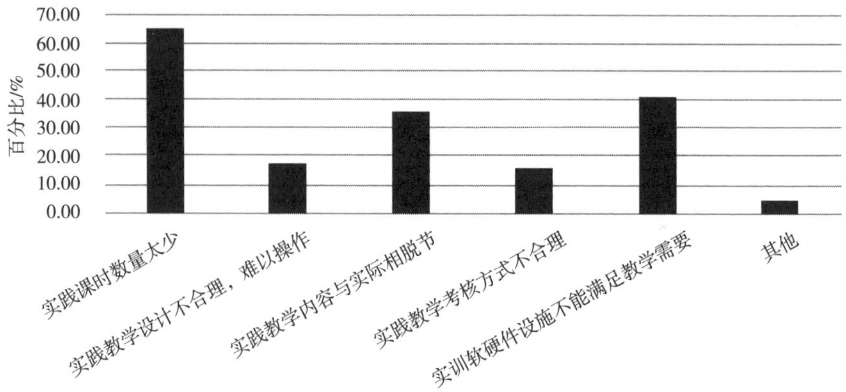


**图 1-21　文秘专业实践教学调研**

分析：通过图 1-21 说明全国高职院校文秘专业都非常重视培养学生的实践能力，对实践能力培养的认知、需求、内容等方面重视度较高。

在实践教学中，毕业生最不满意的是实践课时数量太少，占 64.77%；其次为实训软硬件设施不能满足教学需要，占 40.93%；再次为实践教学内容与实际相脱节，占 35.23%。这反映出学生对专业实训的需求度很高，由于文秘专业在大部分院校中处于弱势地位，所以实验实训的条件受到了很大的限制，甚至缺失，从而造成了学校实训条件与学生专业需求的严重不匹配。

5. 相关课程对工作的重要性以及满意度

文秘专业课程对工作的重要性和课程满意度如表 1-13 所示。

**表 1-13　文秘专业课程对工作的重要性和满意度表**

| 题目 | 选项 | | | | |
|---|---|---|---|---|---|
| | A. 很重要 | B. 比较重要 | C. 重要 | D. 不太重要 | E. 不重要 |
| 1. 秘书实务 | 194（61.20%） | 62（19.56%） | 52（16.40%） | 7（2.21%） | 2（0.63%） |
| 2. 秘书文案 | 225（70.98%） | 53（16.72%） | 34（10.73%） | 4（1.26%） | 1（0.32%） |
| 3. 办公自动化 | 253（79.81%） | 41（12.93%） | 15（4.73%） | 7（2.21%） | 1（0.32%） |
| 4. 职业汉语 | 121（38.17%） | 84（26.5%） | 73（23.03%） | 34（10.73%） | 5（1.58%） |
| 5. 会议管理实务 | 190（59.94%） | 78（24.61%） | 44（13.88%） | 3（0.95%） | 2（0.63%） |
| 6. 秘书商务活动策划 | 202（63.72%） | 79（24.92%） | 29（9.15%） | 5（1.58%） | 2（0.63%） |
| 7. 阅读与写作 | 222（70.03%） | 60（18.93%） | 33（10.41%） | 2（0.63%） | 0（0.00%） |
| 8. 演讲与口才 | 221（69.72%） | 67（21.14%） | 25（7.89%） | 3（0.95%） | 1（0.32%） |
| 9. 传统文化 | 89（28.08%） | 78（24.61%） | 106（33.44%） | 38（11.99%） | 6（1.89%） |

续表

| 题目 | 选项 | | | | |
|---|---|---|---|---|---|
| | A. 很重要 | B. 比较重要 | C. 重要 | D. 不太重要 | E. 不重要 |
| 10. 人际沟通 | 250（78.86%） | 44（13.88%） | 21（6.62%） | 2（0.63%） | 0（0.00%） |
| 11. 档案管理 | 140（44.16%） | 96（30.28%） | 69（21.77%） | 10（3.15%） | 2（0.63%） |
| 12. 公共关系学 | 147（46.37%） | 93（29.34%） | 57（17.98%） | 17（5.36%） | 3（0.95%） |
| 13. 秘书礼仪 | 196（61.83%） | 80（25.24%） | 35（11.04%） | 6（1.89%） | 0（0.00%） |
| 14. 速录 | 122（38.49%） | 77（24.29%） | 63（19.87%） | 41（12.93%） | 14（4.42%） |
| 15. 文学与文化 | 100（31.55%） | 80（25.24%） | 102（32.18%） | 29（9.15%） | 6（1.89%） |
| 16. 秘书角色认知与职业素养 | 155（48.90%） | 72（22.71%） | 72（22.71%） | 9（2.84%） | 9（2.84%） |
| 17. 办公室工作与管理 | 200（63.09%） | 74（23.34%） | 38（11.99%） | 3（0.95%） | 2（0.63%） |

分析：从表 1-13 中可以看出，实践性强的课程颇受学生的欢迎与重视，排在前几位的课程分别是："办公自动化""人际沟通""秘书文案""阅读与写作""演讲与口才"等。这反映出学生认为实践能力比较重要，对素质与能力的提升需求度很高。同时也说明学生重视对文秘技能的获得，认为在工作中动手能力比较重要，忽视了对自身内涵的提高，这也符合高职学生的特点。

6. 文秘专业在教学中最应该改进的地方

文秘专业毕业生实践教学改进需求如图 1-22 所示。

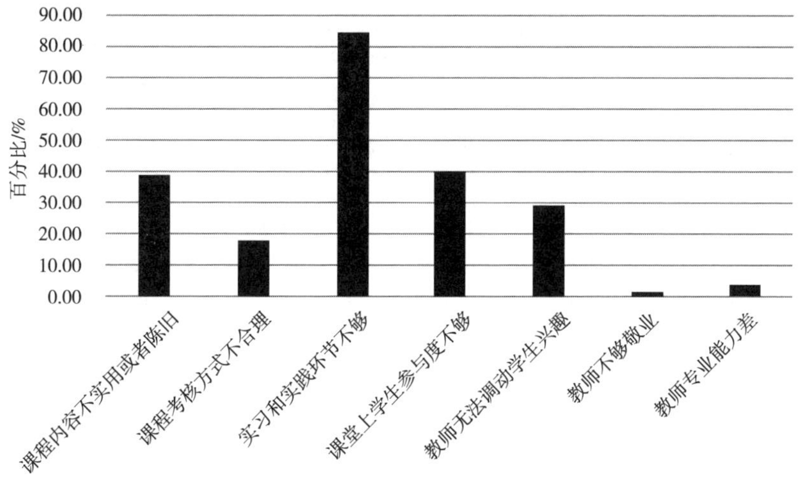


**图 1-22　文秘专业毕业生实践教学改进需求**

分析：从图 1-22 中看出，在现今文秘专业所开设课程方面，毕业生普遍认为“实习和实践环节不够”，选择这一选项的最多，占比达到了 84.23%；其次是“课堂上学生参与度不够”以及“课堂内容不实用或者陈旧”。这一方面反映出学生对文秘专业技能训练实践的渴求，另一方面也反映了行业兼职教师的缺失造成了一些实践性较强的课程教学质量低下。

7. 文秘职业技能训练需要进一步加强的地方

文秘专业毕业生技能训练需求调研如图 1-23 所示。

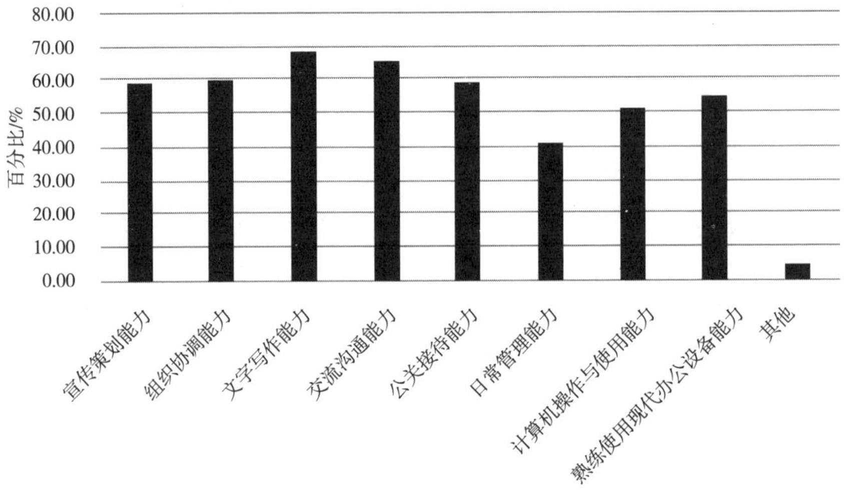


**图 1-23　文秘专业毕业生技能训练需求调研**

分析：从图 1-23 中看出，认为需要加强文字写作能力的人数最多，占 68.14%；其次分别是交流沟通能力、组织协调能力、宣传策划能力、公关接待能力、熟练使用现代办公设备能力等。这与文秘专业的定位有相当大的契合度，首推办文能力，其次为办事能力。

另外，关于“职业道德”“诚信”“基础、专业知识与技能”“语言文字表达能力”“实践动手能力”“心理承受和调节能力”“人际沟通与合作能力”“外语水平”“创新能力”这九个方面的教育，显示“实践动手能力”对工作影响度较大，而“创新能力”对工作影响最小。

## 四、调研结论及对策建议

### （一）专业培养目标定位

调研结果表明，企业要求文秘专业学生的知识面要宽，专业技能要好，工作态度要端正，人际交往要友善，并要具备一定的创新能力和沟通能力。企业不仅看重知识技能，也看重团队协作、工作态度、学习态度、创新能力、团队精神、沟通能力等。所以对于文秘专业的人才培养来说，细分专业核心技能，将知识与技能的广度而非深度作为专业的培养方向。

文秘专业的培养目标是面向中小企业、基层行政事业单位及各类服务业的秘书工作等基层业务和管理岗位，培养具有文书处理、会议实务、信息处理、办公室日常事务管理、人际沟通、秘书文化与礼仪、办公自动化、新媒体素养等知识，具备处理日常文书、熟练使用各种常用办公软件和设备、进行信息管理和档案管理、进行会议筹备和实施、处理办公室日常事务等技能，能从事办公室事务与管理、会议与商务活动管理、行政管理、信息管理等工作，具有较强可持续发展能力的高素质技术技能型专门人才。

（二）专业岗位定位

调研发现，文秘专业的主要就业方向为行政助理、行政专员、技术部助理、理财顾问、前台、人事专员/人力资源专员、文案策划、文秘、文员、销售助理、总经理助理等。

（三）专业课程设置

1. 在课程设置方面，增加实践类课程的比例，优化课程结构

（1）增加实践类课程比重，优化提升实践教学内容。笔者在调查中发现，文秘专业毕业生普遍首先感到最不满意的是实践课时数量太少，其次为实训软硬件设施不能满足教学需要，最后为实践教学内容与实际脱节。这从中可以反映出学生对专业实训的迫切度很高，对于实训内容的广度、深度有相当大的需求。

因此，诸如“办公自动化”“人际沟通”“秘书文案”可以列为核心课程；“阅读与写作”“演讲与口才”等课程列为次核心课程；“办公室工作与管理”“秘书礼仪”等课程列为必修课程。

（2）适当减少相关纯理论性的必修课程。要加强实践环节的校外实训、顶岗实习的课时比例，适当减少相关纯理论性的必修课程，以“实用、够用”为宜。增强课程的应用性，减少课程的理论性；适当增加课程门数，减少每门课的课时数。

（3）适当增加专业方向课程比重。可以考虑开设“文秘 + 商务”“文秘 + 财会”“文秘 + 管理”等文秘专业方向，走复合化培养道路。复合化培养模式有助于强化学生的综合素质，拓宽学生的就业渠道。

（4）增设选修课程。选修课的内容可以涵盖人文、社会、经济、管理等

学科，如企业文化学、企业管理学、形体、书法等，以增强学生对社会、企业以及个人的了解。

2. 在学生能力培养方面，以实用性应用能力为主，其他能力为辅

笔者在调研中发现，文秘专业毕业生普遍认为他们在工作中最欠缺的是文字写作能力，几乎占到了调研人数的 70%；其次为交流沟通能力，约占 65%；再次分别为组织协调能力、宣传策划能力、公关接待能力、熟练使用现代办公设备能力等。

当然，我们也发现，由于文秘毕业生的岗位多集中于事务性、行政类岗位，也有相当多的毕业生从事譬如人力资源、财会、管理类的岗位，岗位构成比较复杂，这就要求我们在培养的时候注意综合性能力与专业能力的匹配程度，以及相关课程与课时的衔接、师资的配备等，要大大加强校外行业专家的授课力度，力促专业能力贴近行业实际需求能力与前沿拓展能力。

（四）学时安排

文秘专业的人才培养，要加大力度推进教育课程信息化建设和信息化手段在教学中的应用，大力加强实践课时，应将选修与必修、理论与实践、课内与课外、线上与线下、校内与校外相结合的课程体系有机融入人才培养全过程。应科学设置三年制专业人才培养方案总学时数，宜将其控制在 2500 学时左右，实践性教学学时原则上不少于总学时的 50%，其中顶岗实习累计时间原则上以 6 个月为宜。

第二章

# 文秘岗位典型工作任务分析报告

2018 年 4 月 27 日，浙江金融职业学院文秘专业邀请了 15 位来自行业一线的专家，与 16 位来自各兄弟院校文秘专业的专业主任、一线教师，共同分析文秘岗位的典型工作任务。经过广泛讨论，认真分析，我们从数十个文秘岗位常见的工作任务中，梳理出文秘岗位的主要工作任务，以及与工作任务相对应的能力。在这个研讨会的基础上，结合前期对全国数百家企业、上千名毕业生的调研结果，我们对文秘专业的岗位任务、岗位能力要求，进行了系统化、符合逻辑的梳理，为文秘专业标准的研制在科学性和前瞻性方面打下了坚实的基础。

## 一、文秘职业工作岗位

文秘职业岗位几乎存在于所有的企业中，但受企业规模与性质的影响，企业文秘的工作内容会有所交叉，因而文秘岗位存在不同的称呼。在我们的调研中，企业的文秘岗位层级与发展路径大致可以用图 2-1 表述。

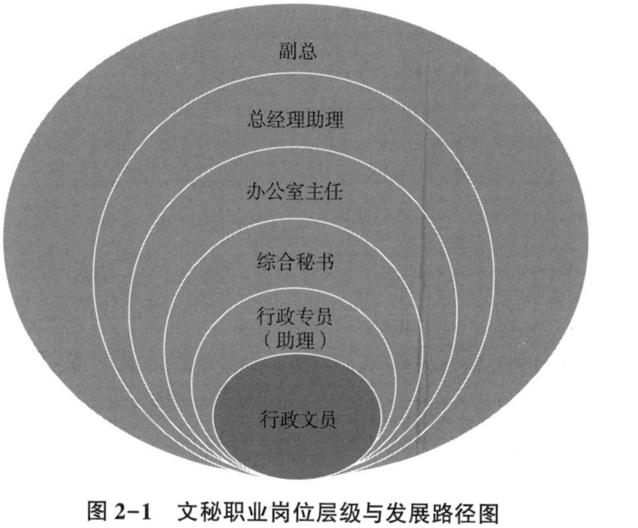


**图 2-1　文秘职业岗位层级与发展路径图**

这一区分是综合了大部分企业文秘岗位的结果，企业对文秘岗位的定位大概有以下几个需要注意的地方：

第一，有些企业为了节约人员编制，其行政专员等同于行政助理。

第二，文秘岗位工作内容等同于总经理助理（如高级的总经理助理相当于副总级别）。

第三，副总分为行政副总和业务副总，一般文秘专业的发展以行政副总为多，但如果接触公司层面的深度和资源的广度足够的话，也可发展为业务副总。

第四，每个岗位的工作内容，根据公司发展状况、组织架构而定，目前企业盛行“灵活用工”，因此文秘会出现“多岗”或“兼岗”现象。

## 二、文秘岗位典型工作任务分析

文秘专业刚毕业的学生，一般就职的岗位是文秘低级岗位，即行政文员或行政专员，若是在规模小的企业，往往会从事行政主管或综合文秘岗位。但随着就业年限的增加以及资历与能力的提升，往往会沿着主任、助理和副总的方向发展。在这一过程中，不同企业的文秘所承担的岗位职责与主要岗位任务，是有明显区别的。

### （一）行政文员（基层文秘）

行政文员的主要职责是根据公司各部门的需要，通过行政性支持工作，为公司员工做好行政服务，支持和保障公司战略与发展目标的实现，其具体职责如图 2-2 所示。

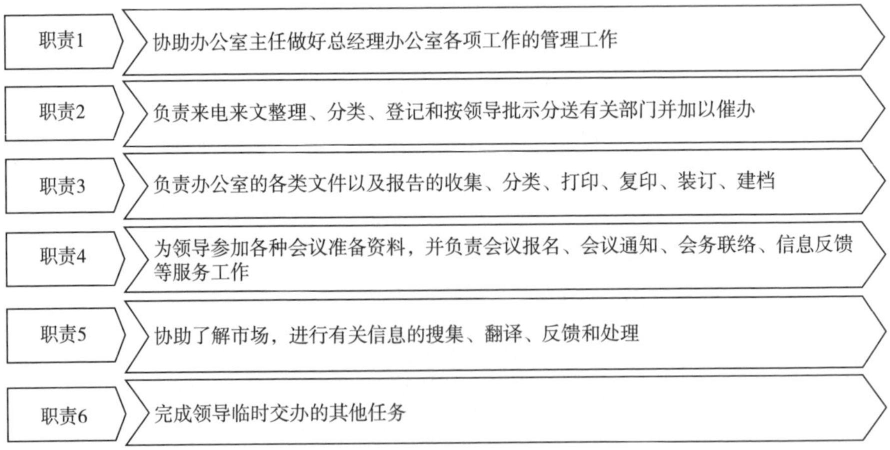


**图 2-2　行政文员岗位职责示意图**

### （二）行政专员

行政专员的主要职责是在办公室主任的领导下，负责日常办公事务的具体执行工作，包括办公用品、设备、档案的管理等，其具体职责如图 2-3 所示。

| | |
|---|---|
| 职责1 | 协助总经理、办公室主任做好相关管理制度的草拟工作 |
| 职责2 | 协助总经理、办公室主任制订工作计划并贯彻执行 |
| 职责3 | 统计汇总总经理办公室办公用品和办公设备需求 |
| 职责4 | 负责办公用品、设备的领取、登记、发放 |
| 职责5 | 根据领导安排，列席各种日常会议，起草会议文件，及时完成会议记录、纪要整理及下发等工作 |
| 职责6 | 对企业全体员工日常工作行为进行监督检查，保证日常办公管理规定的实施 |
| 职责7 | 完成领导临时交办的其他工作 |

**图 2-3　行政专员岗位职责示意图**

### （三）综合文秘（总经理文秘）

综合文秘岗位职责大概包括以下几个方面，如图 2-4 所示。

| | |
|---|---|
| 职责1 | 负责做好工作会议的文字材料起草、会议记录以及会议纪要的整理等会务工作 |
| 职责2 | 负责总经理的日常事务以及工作日程重大事项的时间安排工作 |
| 职责3 | 负责组织撰写或者校对重要文字资料 |
| 职责4 | 负责来客接待工作 |
| 职责5 | 负责总经理办公室的各类文件归档和资料分类索引工作 |
| 职责6 | 负责各部门文件的收集、检查、整理，以待总经理审批以及保密工作 |
| 职责7 | 负责协调本企业内部各部门、分支机构以及外部机构的关系 |

**图 2-4　综合文秘岗位职责示意图**

（四）办公室主任

办公室主任岗位的工作任务，大致可以分为以下几大类。

1. 行政人事类

（1）组织制定公司的行政管理制度，建立、健全行政管理体系。

（2）根据党和政府有关人力资源的方法、政策、法规和公司实际情况，制定并组织实施公司的人力资源管理方针、政策和制度。

（3）全面负责公司的人力资源管理、行政管理和培训管理工作。

（4）组织、制订并调整公司人力资源发展的长期计划、中期计划和年度计划，并监督计划实施工作的进行，预测公司人力资源流动情况。

（5）配合组织制定公司人力资源岗位设置及定员定编方案，协调和指导公司各部门制订人员需求计划，掌握和明确公司人员总数，确保人力资源的共享及合理使用。

（6）计划并审定公司人力资源管理成本、教育培训费用的预算和支出，并组织实施监控。

（7）加强综合办公室的内部建设、制度建设和人员管理，落实各项工作职责，规范内部工作程序，统筹安排办公室各项工作。

（8）考核本部门员工的工作，关心员工生活，抓好部门文明建设。

（9）协助领导做好内引、外联、信访、接待等对外交流工作。

（10）负责传递、交流信息，组织、协调公司各部门的工作。

（11）负责公司的日常行政管理工作，包括起草重要文件，安排公司会议，管理印章、文件、档案。

（12）负责行政稽查工作，并对稽查情况进行处理。

（13）负责与企业外各相关单位建立并保持友好协作的工作关系。

（14）负责集团各证件年检及印章管理。

（15）负责公司的企业文化建设。

（16）负责配合处理公司内部出现的突发事件。

（17）处理总经理交代的其他事项。

2. 党群类

（1）负责起草党政工作报告和各种文稿。

（2）对接各级党、工、团等部门，配合开展活动、收集信息。

（3）定期上报相关的活动开展情况和活动总结。

（4）根据上级领导部门要求，配合落实会议、宣传等工作。

（5）维护党、工、团等部门的形象。

（6）开展支部党员发展及考核工作。

3. 外联类

（1）股份公司相关披露事宜配合。

（2）对外职能活动资源对接跟进。

（3）根据公司情况申请政府项目、荣誉资质。

（4）根据政府职能部门及项目申报情况，定期上报年、半年、季、月报表及统计、考核、总结报告。

（5）外联媒体对接。

（五）总经理助理

这是文秘的最高等级，其主要使命是协助总经理制订、贯彻落实各项经营发展战略与计划，实现企业经营管理目标，这一岗位主要任务如图 2-5 所示。

| | |
|---|---|
| 职责1 | 协助总经理制订战略规划、年度经营计划及各阶段工作目标分解 |
| 职责2 | 协助起草企业各阶段工作总结和其他正式文件 |
| 职责3 | 协助总经理对各职能部门进行管理，协调内部各部门关系 |
| 职责4 | 配合总经理处理外部公共关系（如与政府、重要客户等关系） |
| 职责5 | 参与组织公司重大活动 |
| 职责6 | 协调业务部门之间的日常工作关系，召开业务沟通会议，跟踪公司经营目标达成情况，提供分析与改进意见 |
| 职责7 | 在公司经营计划、销售策略、资本运作等方面向总经理提供相关解决方案 |
| 职责8 | 撰写和跟进落实公司经营办公会议、专题研讨会议等公司会议纪要 |
| 职责9 | 协助总经理进行公司企业文化、发展战略规划，配合开展企业文化工作 |
| 职责10 | 完成总经理临时交办的其他任务 |

**图 2-5　总经理助理岗位职责示意**

## 三、文秘岗位核心能力和课程建议

认真分析文秘典型工作岗位所对应的能力，我们发现文秘专业的培养可分成两个方面：一方面是属于在校必须培养的核心能力，如行政文员、行政专员和综合文秘等工作岗位，直接用到学校专业学习的各项能力，这是文秘专业必须培养的专业能力；另一方面则是提升和拓展的能力，如办公室主任和总经理助理所需要的能力，往往与行政管理紧密联系，这是文秘专业的拓展能力。

将核心能力进行梳理、概括，具体如下：

（1）能撰写文秘岗位常用的应用文书。

（2）能负责各类接待和商务洽谈。

（3）能根据文秘岗位工作要求，进行人际、部门、单位之间的沟通协调。

（4）能进行各类商务活动策划与实施。

（5）能识读企业常见财务报表。

（6）能快速处理各种语音材料，进行会议记录。

（7）能熟练使用常用的办公软件，能熟练操作、维护常用的办公设备。

（8）能进行档案的收集、整理、保管、利用，能对信息进行分类采集、分析和应用。

（9）能进行一般会议的策划、组织；能为大型会议提供协助性会议服务。

（10）能快速、准确地进行文字录入与处理。

（11）能熟练运用信息化平台和新媒体进行企业宣传活动。

（12）具有参谋能力，能够辅助领导科学决策。

（13）具有本专业必需的信息技术应用能力。

根据以上核心能力，建议将以下课程作为文秘专业的核心课程：

（1）文秘写作。

（2）文秘人际沟通。

（3）办公自动化。

（4）办公事务处理。

（5）会议事务处理。

（6）公共关系实务。

（7）文书与档案。

# 第三章 文秘新岗位和新能力调研报告

为了进一步厘清文秘专业内涵，研究在新的经济形势之下，文秘专业出现的新技能与新岗位，根据教育部教育类专业教学指导委员会的要求，我们在前期对全国范围内学校、企业、毕业生调研的基础上，开始了新一轮全国范围内对企业出现的文秘专业新技能和新岗位的调研。通过调研，明确了全国范围内文秘职业的新岗位和新能力要求，为文秘专业标准研制的科学性和全面性打下了坚实的基础。

## 一、调研基本情况

本次调研，共涉及 61 家企业。

调研主要采用访谈形式，主要从以下方面进行调研。

（一）企业新出现的文秘相关岗位

通过对相关企业进行调查，我们发现文秘的岗位性质较为复杂，新的岗位大概集中在以下几个方面：一是新媒体相关工作岗位，包括新媒体专员、新媒体编辑和新媒体文案策划等工作；二是企业的宣传推广类岗位，包括企业文化的策划与推广、企业形象设计等；三是信息类岗位，如楼盘采集员、售后信息员、汽车金融信息员等，涉及各类信息的采集、存储及应用；四是其他各类服务专员工作，如客服、销售顾问、理财专员等，与文秘岗位有一定联系，但需要其他一些专业技能。

（二）文秘岗位新任务

文秘岗位新任务，按照各种任务的不同，大致可以分为以下几类：

（1）新媒体类工作，主要任务为：新媒体编辑、新媒体活动策划与执行，结合社会热点撰写软文、自媒体营销、产品的文案编写、企业文化传播、公司网站、公众号、App 文章的编写、推送等。

（2）文宣类工作，主要任务既包括利用前述各类新媒体手段，进行企业的宣传和推广，又包括和传统媒体合作，同时会涉及公司内部刊物的编辑、公司内部各种活动的策划与推广等。

（3）信息类工作，主要跟信息的收集、甄别和利用有关，与传统文秘的信息处理不同，信息类工作任务不是秘书办文工作的延伸，而是单位工作的一个重要组成部分。如楼盘信息员工作，其主要工作内容分为五项：一是负责协调完成楼盘信息采集，采集信息包括楼盘名称、楼号、单元、房间号信息及照片；二是负责核查采集的楼盘信息及照片，并制作成 Excel 表格上传至系统，使用 Excel 表格实现系统房源与新楼盘库的一一映射；三是负责业务沟通，及时维护和更新楼盘信息，参与楼盘库建设制度及相关标准的制定，如楼盘库采集标准、楼盘库更新管理制度等。主要工作虽然还是资料性工作，但已经脱离了企业办公室这一平台，成为另一工作岗位。另外，如售后信息员工作，主要工作内容包括：根据售后业务的执行情况，主办售后业务报表的编制工作，并保证报表信息准确无误，完成售后业务报表的转发工作，将报表快速、及时送达各相关业务人员；负责厂家售后服务的信息接收、登记、传递及管理，并承担信息反馈工作；负责承办售后用户档案资料的录入工作，确保信息、数据的有效和准确，保管档案资料，方便日后的资料提取，并为决策提供重要依据，及时确认并更新已变更的档案资料；负责协调服务顾问的工作时间，确保排班准确及时，有效地完成售后服务工作，处理售后服务人员的假期申请等行政事务，负责部门内会议纪要的记录整理、上报和下发。其主要工作还有传统的办文、办事、办会三大技能的底子，但工作重心却发生了很大的偏移，变成了售后工作的一部分。

（4）服务类工作。后勤类文秘，主要工作任务为负责公司资产管理、办公用品采购及劳保用品的管理工作，避免公司资产的流失和浪费；负责书刊资料印刷、快递、物流及办公室的其他事情；负责对外联络与接待工作，包括联系各种场地等；为公司所有部门提供必要的办公设施及其他后勤支持，积极协调各部门关系；客服类文秘，主要工作内容是能为客户提供咨询、回访等服务，耐心回答客户问题；协助处理数据等各类客户服务工作。还有一些跨界文秘的工作任务，如人事专员、理财顾问等，则提供较为专业的人力资源管理和理财类服务。

### （三）文秘岗位需要的新知识和新能力

新的岗位和任务，需要文秘专业具有新的知识和新的能力。与上述工作岗位相关，文秘需要学习和掌握新媒体的知识、数据处理的知识、信息传播与策划的知识以及各类财务、理财等专业知识，并增强相关的知识应用能力，才能适应新的文秘岗位的需要。

## 二、调研结论

通过对企业的调研，可以发现文秘这一职业在新经济背景下，其岗位自身要求并没有消失，但却出现了新的岗位及能力的要求。

### （一）文秘新任务对文秘培养提出了新的要求

在上一个调研报告中，我们发现文秘岗位在企业中的需求极为广泛，并且分布行业极广。因为行业性的原因，甚至导致部分学校对文秘专业内涵认识的偏差，如将文秘专业的经济类、法律类、建设类等行业特征误认为是文秘专业特征。但事实上，文秘专业的核心岗位一直存在，且其核心技能也并没有改变，核心岗位一般体现为助理、文秘、文员和接待四类，核心能力依然是办文、办事和办会。

文秘的传统岗位正出现新的变化，如新媒体类工作岗位、文宣类工作岗位、信息类工作岗位和服务类工作岗位，本身就是传统文秘能力的组成部分，但在新形势下却由附庸变成主体，成为专门的工作岗位，其要求也在悄悄发生变化。如脱胎于传统文秘办会和新闻发布任务的工作岗位——新媒体运营，与现代的传媒新形式，如 App、微信公众号、微博，还有各种软文、自媒体营销等手段结合起来，具有了一些全新的特征。

### （二）文秘新岗位名称复杂多样

“文秘”是对文秘类岗位工作内容的最好概括，但并不是一个很好的岗位名称。尤其在社会上对文秘出现了某些不恰当的称呼之后，文秘这一岗位在各个企业之间出现了各种称呼，这一称呼大致可以分为以下几类：

第一，党政机关、事业单位或者大型国企，依然直接以文秘为名称，只是有时会加上其具体分类，如党务文秘、技术文秘、综合文秘或者各类文员等。

第二，在中小企业，文秘的名称发生了两种分化：一是各类助理或专员，强调文秘发挥作为领导参谋助手的作用或者对某项工作的领导责任，如总经理助理、行政助理、商务助理等，也包括公关专员、合同专员、人事专员等；二是不再区分文秘这一职业，而是将其与公司的业务进行高度结合，从而将核心技能依然是文秘的工作岗位变为更为具体的技术类岗位，如楼盘信息员、金融服务员、会议专员、统计信息员等名称。

### （三）文秘岗位新要求不断涌现

在调研中，我们发现，办文、办事、办会一直是文秘岗位的核心能力，不仅在传统文秘岗位，即使在一些新岗位，如新媒体、大数据和新服务等方面，也依然要求文秘具有传统的办文、办事和办会能力。

## 三、建议与对策

（一）扩展文秘的专业边界

可以将新媒体、大数据和新服务等列入文秘专业核心课程。以新媒体为例，可以培养文秘学生的显性技能，包括新媒体文案创作、新媒体平台管理与运营、新媒体营销等内容，并使文秘专业的其他课程与新媒体课程有机融合，使新媒体工作技能成为文秘学生综合能力的重要外显途径之一，紧紧抓住新媒体这一方向改变文秘专业技能非显性的弱势。

（二）深化文秘的专业名称

高职文秘主要的就业是中小企业，而无论是企业，还是全社会的普遍认知，对于“文秘”这一名称都有一定的抵触。我们建议，可以根据现状，进行专业名称的调整，如行政助理与文秘、商务助理与文秘等。

（三）设计文秘专业的教学体系和实训体系

建议文秘专业的教学体系和实训体系构建，可以在两个新的维度上进行，具体如下：

第一，依然坚持文秘办文、办事和办会的核心技能，但引进新媒体、新服务等知识和技能，分为核心技能和拓展技能，以适应全国各类不同文秘岗位的需要。

第二，将文秘专业分出不同的方向。如在传统文秘之下，将文秘分为行政助理方向、商务助理方向和涉外文秘方向，将其核心技能根据不同的岗位性质进行细分，以更加适应文秘岗位的多样化需求。

# 第四章
# 大数据时代文秘专业的前景展望

进入新世纪，中国高等职业教育开始蓬勃发展。文秘专业与高等职业教育发展同步，属于最先、最快得到发展的专业。文秘专业所需设备较少，办学成本较低，另外各校中文专业出身的教师很多，两者结合，成为文秘专业迅速发展的主要原因。但随着大数据时代的到来，曾经热门的文秘专业却遭遇到生存危机。

## 一、大数据时代文秘专业面临的三大挑战

文秘岗位在企业中有广泛需求，不管是大中型企业，还是小型民营企业，相应的文秘部门规模或大或小，都是单位中不可或缺的重要部门。但随着大数据时代的到来，传统的文秘岗位开始有了新的要求，而新的文秘类岗位也在不断涌现，这对现在的文秘专业人才培养提出了新的挑战。

### （一）信息化技术挑战

随着现代信息技术的发展，企业纷纷改进办公手段，引入各类现代办公软件，实现信息一体化处理，并对信息进行收集、处理，形成单位内部的大数据应用。这对于文秘专业的传统培养方式提出了新的要求。

高职文秘的人才培养，核心能力聚焦于办文、办事、办会，写作能力、沟通能力和会议及各类商务活动协调能力，成为培养的重点。但传统的培养，一般都基于传统办公室的应用，对于企业当下应用最新的现代信息技术，却了解不多。这导致文秘人才无法有效利用现代网络平台来合理安排办公，处理各类问题。在实际工作中，企业有时更倾向于聘任具有一定信息技术特长的中文或新闻专业的毕业生，既能保证技术应用，也能保证一定的写作水平。

### （二）文秘新岗位挑战

大数据时代，信息被所有的企业摆在了前所未有的重要位置上，这导致传统的文秘工作出现了很大的分化、细化。传统的办文、办会等工作依然存在，但已经变得弱化，而相关的信息类工作却成了文秘工作的重点。

在文秘专业全国调研中，我们发现文秘岗位出现了诸多的变化。如信息

员一职，主要工作中心依然在办公室，但却侧重于收集各类信息，出现了诸如楼盘信息员、售后信息员等职位。另外，办公室文秘的文书工作，不再仅是传统的事务处理，而更多因为形势的变化，被要求去从事新媒体编辑、新媒体活动策划与执行，结合社会热点撰写软文、自媒体营销、产品的文案编写、企业文化传播、公司网站、公众号、App 的文章编写、推送等工作。这些工作随着其重要程度的增加，甚至已经发展成为新的岗位。这些新能力和新岗位，要求文秘人才的培养，必须在相应的核心知识掌握与核心能力培养方面，做出相应的更新和呼应。

（三）文秘角色定位新挑战

文秘是领导的参谋和助手，从工作上看，文秘和领导有着天然的亲近与合作关系。但在大数据时代，这一关系变得更加复杂。随着信息化建设在各个企业的全面展开，文秘一方面需要安排领导的各种事务，另一方面又需要严格区分公务和私务的不同方面；而文秘的各类私人网络工具，也有可能对领导的工作造成影响。因此，文秘如何在充分有效利用好工作数据的同时，保护好领导的相关数据，成为工作的一个重要内容。

## 二、文秘专业：挑战即机遇

大数据时代给文秘专业带来的挑战，也是文秘专业发展的新机遇。在文秘专业岗位持续增加、岗位知识和能力要求不断扩展的背景下，文秘人才培养不仅没有走入死胡同，反而面临着新一轮的发展机遇。

（一）更新课程和内容

在大数据时代，文秘部门是一个中枢系统，将单位各种不同的数据汇集起来，供领导决策，并将这种决策迅速变成新工作的一部分。信息一体化的全面建设，让这一工作变得既迅捷又高效。新的工作内容需要文秘专业教育从业者认真对待，并在课程及教学内容上做出呼应。

第一，加强信息化能力培养。在文秘专业传统的办公自动化课程中，必须扩展办公软件的学习范围，除了 Word、Excel、PowerPoint 等软件使用之外，逐步增加信息化的内容。比如，网上收发文、网络协同办公、网络会议安排等，使传统文秘向信息化文秘转变。

第二，加强利用新媒体进行宣传策划能力的培养。在单位面向社会时，文秘部门又成为将单位嵌入社会大系统的中枢部门，单位的外部形象需要借助包括微信公众号、网站等途径进行宣传，外部的各种相关数据也需要文秘部门进行筛选后进入单位领导和员工的视野。这就需要在文秘的课程中，增加如新媒体写作与运营等课程，提升文秘宣传策划能力培养的含金量。

第三，加强文秘信息收集和处理能力的培养。文秘专业有一门传统课程，即档案与信息处理，主要是教授学生如何归档和利用信息。但这一课程大多是基于传统纸质档案的处理，利用信息也主要着眼于纸质档案的查找。这与大数据时代的信息工作要求有着巨大的差距。因此，在这一类课程中导入电子档案的收集、处理和利用，将电子档案的存档、加工、应用作为教学重点，应成为文秘专业此类课程的焦点。

（二）更新实训与实践的条件与方法

传统文秘，一支笔、一张纸，似乎就能解决大部分问题。这也是早期文秘专业发展兴旺蓬勃的原因之一。但在大数据时代，文秘专业需要培养现代办公人才，这就需要从各个方面改善文秘专业的实训与实践条件，提升文秘专业实践教学的技术含量。

第一，提升文秘实训技术含量。要想办好文秘专业，必须与大数据时代的要求相一致，加强文秘实验实训室建设，引进各类现代化办公硬件和软件，全面培养学生的相关能力。除了文秘专业传统的商务礼仪和商务接待实训室之外，还应该增加办公自动化实训室、会议管理和商务活动实训室、文档一体化实训室等。这些实训室除了普通的教学设施之外，还应该引入更多现代办公设备。如会议实训室可以引入会议 VR 实训系统，可以建设视频会议实训室；办公自动化实训室中可以适当增加图形图像处理的软硬件配备；文档一体化实训室可以增加文字处理机、光符识别机等配备，并安装文档一体化管理系统、电子教室、OCR 文字识别等软件。

第二，创新文秘专业实践载体。文秘岗位在大数据时代面临着更加复杂的涉密问题。文秘定位的复杂和微妙，导致文秘专业学生在企业的实习实践面临很大难题。企业一方面，不愿意接收文秘专业学生实习；另一方面，即使接收学生实习，也不愿意让学生接触真正核心的工作内容。对此，文秘专业必须有清醒的认知，并在专业实践时，创新实践方法。如浙江金融职业学院引入现代学徒制这一教学理念，与企业共同构建秘书学院，将秘书学院变成企业的一部分，有效解决了文秘专业实践难以落实的问题。

（三）更新教学方式与方法

大数据时代，以智能化、信息化为代表的“互联网+专业建设”成为未来专业发展的重要方向。文秘面临新的时代问题，需要拿出自己的解决方案，全面更新专业的教学方式方法。

第一，将传统文秘专业向智能专业发展，提升文秘智能化水平。这要求我们将专业教室变成线上线下一体化的辅助教师教学、支持学生个性化学习的场所，包括智慧教室、数字化实验室、综合创新实验室等，这是“人工智能+教育”的重要应用形态。立体化综合教学场所以学科交叉与融合作为课程体系，以“多元立体化教学模式”为运行机制，以资源整合多元化、课程讲授多样化、学习支持立体化为手段，支持学生的学习主动化和个性化。它通过人工智能（AI）技术辅助教师教学，针对不同学生的特点，设计相应的课程和教学活动，为学生提供智能化的学习服务。同时，依托人工智能技术，立体化综合教学场所能够全面了解每个学生的特征，为学生提供启发式教学，促进学生自主学习，不断提高学习能力、实践能力和创新能力。

第二，基于大数据智能的在线学习教育平台建设。基于大数据智能的在线学习教育平台，是“人工智能+教育”的主流应用形态。在以云计算为基础的新一代互联网环境中，教育全过程的信息化产生了海量的教育数据，其量大、多样，来源于真实的教育场景，具有巨大的教育价值。随着大数据的崛起和数据密集型科学的发展，学习分析和教育数据挖掘成为大数据在教育领域中的具体应用。基于大数据智能的在线学习教育平台，融合学习分析和教育数据挖掘，能测量、收集学习者以及他们的学习环境数据，利用统计、机器学习、学习分析和数据挖掘等技术来分析教和学过程中产生的数据，理解和优化学习以及学习情境。基于大数据智能的在线学习教育平台，通过教育数据的挖掘与智能化分析、实时跟踪与反馈的智能测评、学习分析与学习者数字画像，为学习者提供个性化、自适应的学习服务。总之，基于大数据智能的在线学习教育平台；基于“以学习者为中心”的教育理念，以教育大数据驱动教学，是教育大数据的“智能”体现。

第三，智能教育助理的开发和应用。文秘专业可以通过与人工智能公司合作，开发智能教育助理。它能够辅助教师教学、学生学习、管理者管理，为用户提供便捷的智能化教育服务，其核心驱动力便是人工智能。智能教育助理产品有辅助个性化教与学的智能导师、教育机器人、学习伙伴等。

## 三、大数据时代，文秘专业路在脚下

### （一）大数据时代文秘专业需求和前景预测

大数据时代，文秘职业不仅不会被淘汰，反而职责范围更广，需求更旺盛。作为高职院校，必须读懂时代需求，顺应时代变化，深化人才培养内涵，提升人才培养质量，适应广泛的社会需求。

文秘的核心技能依然存在，而且在未来会发扬光大。文秘的写作能力，传统的办公室写作需求依然存在，而新的微信推文、新媒体写作等工作任务，对写作能力有着更加广泛的需求。新出现的如单位宣发与公众号运营等岗位，都是文秘工作的一部分。

认清这一形势之后，实时调整教学内容，文秘专业的社会需求将会更为宽广。

文秘专业的办事能力，更是一种通用能力。无论大数据如何发展，只要人工智能没有彻底取代人类，就需要人与人之间的沟通，也需要工作中的各种协调。文秘工作要求能应对日常烦琐事务，处理各种往来和接待，将单位内部的上下关系、单位之间的关系构成网络，成为大数据的一部分，这在未来也会越来越重要。

（二）未来的文秘专业展望

顺应形势，迎难而上，及时将文秘专业和时代的呼唤与要求相结合，我们可以展望文秘专业会具有更加先进和智能的未来。

文秘专业将被打造成立体化、多系统的智慧专业。通过引入 AI 技术，将线上与线下、智能助理与专兼职教师相结合，将实现文秘专业全面的现代化教学。

文秘专业的课堂、校内外实训以及特色活动将被综合整合。通过人才培养方案的制定，引入现代学徒制理念与操作流程，将课堂教学与实训等整合成一体化平台。通过智能教学，促进文秘专业教学的整体性提升。

文秘专业将与大数据、人工智能技术深度融合。通过智能助理的使用，实现对文秘专业学生的日常事务辅导、普通问题答疑和学习过程陪伴，提升教学的智能性。大数据时代，文秘专业面临着很多问题，应对不当、无所作为的后果，就是文秘专业逐步在某些高职院校中逐渐减少甚至消失。但文秘岗位客观存在的广泛社会需要，却要求文秘从业者决不能放弃自身的职责，必须做出迅速而高效的努力与改变。细致分析形势问题，及时有效地应对，文秘专业一定会有更加美好的未来。

# 本篇附件



## 附件 1　高等职业院校文秘专业调查问卷

高等职业院校文秘专业访谈方案

（企业）

尊敬的先生/女士：

您好！首先非常感谢您能在百忙之中填写问卷。此问卷调查的目的是希望了解用人单位对文秘专业人才在知识、能力、职业素质等各方面的需求情况。我们将参考您的宝贵意见，进一步优化人才培养模式和课程设置，深化教学改革，以培养更适应社会需求的高素质人才。问卷调查结果将为文秘专业国家专业教学标准的制定提供重要依据，不会用于任何商业用途。希望得到您的支持！最后，再次为您对文秘专业教育教学的支持和配合深表感谢！

2017 年 10 月

在您填写时，请直接将选项或您的答案填在相应的横线上或括号内。

本次问卷可能会花费您 20~30 分钟的时间，请仔细作答。

**第一部分　基本情况**

1. 贵单位所在地：______________省/自治区/直辖市____________市/自治州（请具体写明）。

2. 贵单位的企业类型属于（　　）。

A. 国有企业　　B. 混合所有制企业

C. 民营企业　　D. 外资独资企业

E. 中外合资（合作）企业　　F. 其他

3. 贵单位的企业规模属于（　　）。

A. 大型企业（1000人以上）　　B. 中型企业（300~1000人）

C. 小型企业（20~300人）　　D. 微型企业（20人以下）

4. 贵单位的行业属性（请在下表对应的行业后打"√"）。

| | | |
|---|---|---|
| 农业（　） | 林业（　） | 牧业（　） |
| 渔业（　） | 工业（　） | 建筑业（　） |
| 批发业（　） | 零售业（　） | 交通运输业（　） |
| 仓储业（　） | 邮政业（　） | 住宿业（　） |
| 餐饮业（　） | 信息传输业（　） | 软件和信息技术服务业（　） |
| 房地产开发经营（　） | 物业管理（　） | 租赁和商务服务业（　） |
| 其他（　） | | |

**第二部分　对高职院校文秘专业毕业生的需求、评价及人才培养建议**

5. 贵单位高职院校文秘专业毕业生有（　　）人。

A. 10人以上　　B. 6~10人

C. 2~5人　　D. 2人以下

6. 贵单位对现任高职院校文秘专业毕业生的满意度是（　　）。

A. 非常满意　　B. 比较满意

C. 基本满意　　D. 不太满意

E. 很不满意

7. 贵单位在职的高职院校文秘专业毕业生的月薪情况是（　　）（单位：元）。

A. 2000以下　　B. 2001~4000

C. 4001~6000　　D. 6000以上

8. 贵单位高职院校文秘专业毕业生的职业稳定性是（　　）。

A. 非常稳定　　B. 比较稳定，偶有离职

C. 不太稳定，离职率高

9. 贵单位如果有招聘计划，能够提供的招聘岗位有（　　）。

A. 前台接待岗　　B. 行政文员岗

C. 档案管理岗　　D. 人力资源管理岗

E. 综合岗　　F. 其他岗位

10. 未来三年内贵单位对文秘人才的需求数量是（　　）。

A. 5 人以下　　B. 5~10 人

C. 11~20 人　　D. 20 人以上

11. 贵单位如果需要文秘人员，一般会通过（　　）渠道引进。

A. 熟人介绍　　B. 高校招聘

C. 人才市场招聘　　D. 本单位人员转岗

E. 其他

12. 贵单位对新招高职院校文秘专业毕业生的技能要求是（　　）（可多选）。

A. 熟练使用常用办公设备　　B. 熟练撰写常用公文

C. 熟练应用办公软件　　D. 熟练掌握外语对话

E. 熟练掌握办会技能　　F. 熟练掌握相关法律法规

G. 熟练掌握档案整理技能　　H. 较强的沟通能力

I. 其他

13. 您认为贵单位高职院校文秘专业毕业生的专业知识结构是（　　）。

A. 非常全面系统　　B. 比较全面系统

C. 不全面，有欠缺　　D. 支离破碎，不成系统

14. 为了改良高职院校文秘专业学生的知识体系，您认为高职院校应该（　　）（可多选）。

A. 更换教材　　B. 自主研发教材

C. 加强专业老师培训　　D. 加强学生学习引导

15. 您认为目前贵单位高职院校文秘专业毕业生的综合素质在（　　）方面比较欠缺（可多选）。

A. 礼仪修养　　B. 沟通能力

C. 文字水平　　D. 敬业精神

E. 人际交往

16. 如果您认为目前高职院校文秘专业毕业生的综合素质不过关，其原因主要是（　　）（可多选）。

A. 先天原因，入学时基础较差　　B. 学生自身学习习惯问题

C. 学校教学的问题　　D. 社会风气等综合原因

17. 您认为如何提升高职院校文秘专业毕业生的综合素质（　　）（可

多选）。

A. 学校改进教育教学　　B. 学生自身做出努力

C. 入职单位加强培训　　D. 营造良好工作氛围

18. 您认为当前高职院校文秘专业需要开设（　　）项目（可多选）。

A. 礼仪实训　　B. 沟通实训

C. 演讲实训　　D. 文书实训

E. 自动化实训　　F. 办公室综合实训

G. 信息搜集整合实训　　H. 其他

19. 下表列出了文秘专业毕业生的 9 项能力与素质，每一项包含 3 项内容，请根据您对本单位文秘人员了解的实际情况，选择对应的选项。

| 项目 | 个人实际情况 | 该项对工作的影响 | 大学教育对该项的影响 |
|---|---|---|---|
| 1. 职业道德 | A. 很好　B. 较好　C. 一般<br>D. 较差　E. 很差 | A. 很大　B. 较大　C. 一般<br>D. 较小　E. 很小 | A. 很大　B. 较大<br>C. 一般　D. 较小<br>E. 很小 |
| 2. 心理承受和调节能力 | A. 很好　B. 较好　C. 一般<br>D. 较差　E. 很差 | A. 很大　B. 较大　C. 一般<br>D. 较小　E. 很小 | A. 很大　B. 较大<br>C. 一般　D. 较小<br>E. 很小 |
| 3. 诚信 | A. 很好　B. 较好　C. 一般<br>D. 较差　E. 很差 | A. 很大　B. 较大　C. 一般<br>D. 较小　E. 很小 | A. 很大　B. 较大<br>C. 一般　D. 较小<br>E. 很小 |
| 4. 基础、专业知识与技能 | A. 很好　B. 较好　C. 一般<br>D. 较差　E. 很差 | A. 很大　B. 较大　C. 一般<br>D. 较小　E. 很小 | A. 很大　B. 较大<br>C. 一般　D. 较小<br>E. 很小 |
| 5. 外语水平 | A. 很好　B. 较好　C. 一般<br>D. 较差　E. 很差 | A. 很大　B. 较大　C. 一般<br>D. 较小　E. 很小 | A. 很大　B. 较大<br>C. 一般　D. 较小<br>E. 很小 |
| 6. 实践动手能力 | A. 很好　B. 较好　C. 一般<br>D. 较差　E. 很差 | A. 很大　B. 较大　C. 一般<br>D. 较小　E. 很小 | A. 很大　B. 较大<br>C. 一般　D. 较小<br>E. 很小 |
| 7. 人际沟通与合作能力 | A. 很好　B. 较好　C. 一般<br>D. 较差　E. 很差 | A. 很大　B. 较大　C. 一般<br>D. 较小　E. 很小 | A. 很大　B. 较大<br>C. 一般　D. 较小<br>E. 很小 |

续表

| 项目 | 个人实际情况 | 该项对工作的影响 | 大学教育对该项的影响 |
|---|---|---|---|
| 8. 语言文字表达能力 | A. 很好　B. 较好　C. 一般　D. 较差　E. 很差 | A. 很大　B. 较大　C. 一般　D. 较小　E. 很小 | A. 很大　B. 较大　C. 一般　D. 较小　E. 很小 |
| 9. 创新能力 | A. 很好　B. 较好　C. 一般　D. 较差　E. 很差 | A. 很大　B. 较大　C. 一般　D. 较小　E. 很小 | A. 很大　B. 较大　C. 一般　D. 较小　E. 很小 |
| 其他您认为重要的能力或素质（请写在下面）： | | | |

20. 假如贵单位新入职了一位高职院校文秘专业毕业生，您对他/她有哪些建议？

## 高等职业院校文秘专业访谈方案

（企业）

被调研企业名称：

调研人：

调研时间：

调研内容：

1. 从贵企业平时的工作效果看，您认为文秘专业毕业的员工在工作范围、工作能力、工作绩效上比别的员工有何不一样的地方？您作何评价？

2. 您所在企业的文秘专业毕业生在工作后所暴露的突出问题有哪些（包括知识方面、能力方面、素质方面）？

3. 您认为文秘专业学生最重要的素质与技能有哪些？

4. 请就您所了解的实际情况，谈谈企业对文秘人员的需求趋势。

5. 您对文秘专业人才培养工作有何建议？

**温馨提示：**

最重要的是根据访谈时的具体情况随机应变，并且要因人而异。访谈的问题可分为引导性问题，过渡性问题，尖锐性问题和开放性问题。最后以对专业设置的建议或忠告结尾。

一、访谈对象

文秘专业相关企业，兼顾不同地域、不同规模、不同类型。

二、访谈目的

为本轮高等职业院校文秘类专业教学标准的研制奠定工作基础，提供依据。

三、访谈的意义

来自企业一线的反馈信息极为珍贵，对于改进专业课程设置、提高教学效果，培养出知识、能力、素质俱佳的文秘专业学生有着非同寻常的意义。

四、访谈方式

此次活动采取双人座谈或多人座谈形式，并分时间段对不同的人进行访谈。

五、访谈时间地点

最好选在一些比较轻松的环境场所。时间在11月份，持续一个月。具体时间根据访谈对象的时间随机而定。

六、访谈前期工作

1. 提前预约

以电话的形式与被访谈者保持联系，最好提前一周预约好。

2. 访谈前准备

必备证件，器材［如照相机、录音笔、访谈本、摄像机（如有条件）等］。

七、访谈过程

开场白要具有引导性，提问过程中要注意细节、注意礼貌。提问的问题要随机应变，善于营造轻松氛围。

八、访谈后期

整理收集到的资料，整理访谈问答记录，完成书面报告，并传给被访谈者进行确认，保证正确无误。

## 高等职业院校文秘专业调查问卷

（学校）

尊敬的文秘专业负责人：

您好！根据《教育部职业院校教育类专业教学指导委员会关于修订文秘

专业国家教学标准的通知》（教行指委办函〔2017〕5号）要求，现面向开设该专业的学校开展调研。贵校文秘专业建设成绩斐然，今特向您了解相关情况。问卷调查结果将为文秘专业国家专业教学标准的制定提供重要依据，不会用于任何商业用途。希望得到您的支持，非常感谢！

2017年10月

在您填写时，请直接将选项或您的答案填在相应的横线上或括号内。

本次问卷可能会花费您15~30分钟的时间，请仔细作答。

**第一部分　基本情况**

1. 贵校的全称是________________________________。

2. 贵校的地址是________________________________。

3. 贵校属于（　　）。

A. 国家示范学校　　B. 省级示范学校

C. 市级示范学校　　D. 非示范学校

4. 贵校的文秘专业是（　　）。

A. 国家级优秀专业　　B. 省级优秀专业

C. 校级优秀专业　　D. 其他

5. 文秘专业在贵校近三年的招生情况填在下方的表格中。

| 年份 | 招生人数 |
|---|---|
| 2016年 | |
| 2015年 | |
| 2014年 | |

6. 贵校文秘专业设置的专业方向是（　　）。

A. 文秘　　B. 商贸文秘

C. 涉外文秘　　D. 公关文秘

E. 财会金融文秘　　F. 文秘（文化产业管理）

G. 法律文秘　　H. 新闻传播类文秘

I. 速录文秘　　J. 档案管理类文秘

K. 其他

7. 贵校文秘专业的人才培养定位主要是面向（　　）职业岗位（可多选，不超过6项）。

A. 秘书　　B. 公关
C. 文员　　D. 资料员
E. 信息员　　F. 客服咨询员
G. 档案管理员　　H. 客户管理员
I. 人力资源管理员　　J. 行政助理
K. 其他

**第二部分　教学标准与人才培养方案**

8. 对现行文秘专业国家教学标准（2012年国家开放大学出版）的使用情况及评价（　　）。

A. 没有使用过，完全由本校自行开发设计人才培养方案
B. 参考现行专业标准，开发设计本校人才培养方案
C. 执行现行专业标准，使用情况良好

9. 您认为对文秘专业学生而言，技能及职业资格证书的重要程度（填在下表中打"√"）。

| 项目 | 重要程度 | | |
|---|---|---|---|
| | 重要 | 不重要 | 一般 |
| 速录师职业资格证书 | | | |
| 普通话证书 | | | |
| 人力资源管理师证书 | | | |
| 计算机证书 | | | |
| 大学英语四级 | | | |
| 雅思英语 | | | |
| 其他 | | | |

10. 贵校文秘专业对学生英语水平的要求是（　　）。

A. 大学英语四级及以上　　B. 大学英语三级及以上
C. 大学英语A级及以上　　D. 其他

11. 贵校文秘专业是不是中外合作办学专业（　　）。

A. 是

B. 不是，但正计划开展中外合作办学

C. 不是，尚不考虑中外合作办学

**第三部分　教学与实训**

12. 贵校文秘专业的核心课程主要包括（　　）（可多选，课程名称表述与选项不相同，但内容相近者也可，选择不超过8门）。

A. 秘书理论与实务　　B. 秘书写作

C. 秘书形象和礼仪　　D. 办公自动化

E. 演讲与口才　　F. 人际沟通

G. 档案管理　　H. 电脑速记

I. 书法　　J. 秘书学概论

K. 秘书法律基础　　L. 秘书商务活动策划

M. 文秘专业英语　　N. 秘书文化类课程

O. 办公室管理　　P. 秘书综合实训

Q. 会议管理　　R. 其他

13. 贵校文秘专业是否开设下表所列技能课程（在对应的选项下打“√”）。

| 课程名称 | 选项 |
|---|---|
| ①速记 | A. 是　B. 否 |
| ②中文输入 | A. 是　B. 否 |
| ③口语（普通话） | A. 是　B. 否 |
| ④英语运用和交流能力（除大学英语以外的英语课程） | A. 是　B. 否 |
| ⑤文秘信息化技术应用 | A. 是　B. 否 |

14. 文秘专业的文化知识类课程，贵校开设有（　　）（可多选）。

A. 大学语文　　B. 传统文化

C. 艺术素养类课程　　D. 历史哲学类课程

E. 其他

15. 贵校文秘实训类课程占专业总课程的比例为（　　）。

A. 80%以上　　B. 60%~80%

C. 40%~60%　　D. 40%以下

16. 贵校文秘专业公共基础课学时占总学时比重为（　　）。

A. 25%以下　　B. 25%及以上

17. 贵校文秘专业在开展工学交替时，主要采用的形式有（　　）（可多选）。
A. 集中去企业参与实践　　B. 集中去展会或大型活动
C. 统一时间分散式去企业　　D. 不同时间分散式去企业
E. 校内各类实践
18. 在与企业的合作中，企业参与开发的课程主要包括（　　）。
A. 写作类课程　　B. 会议类课程
C. 事务类课程　　D. 技能类课程
E. 暂时没有
19. 在校企合作中，企业主要以何种方式参与到贵校的专业建设中（　　）。
A. 为人才培养提供行业意见　　B. 校内实训场所指导学生
C. 校外企业指导学生实践　　D. 项目式或订单式合作
E. 其他
20. 贵校文秘专业主要设置了（　　）实训场所。
A. 电脑实训室　　B. 情景实训室
C. 会议实训室　　D. 企业外包式实训基地
E. 自营公司式实训基地　　F. 其他
21. 贵校的文秘专业选修方向主要包括（　　）。
A. 经济类方向　　B. 贸易类方向
C. 管理类方向　　D. 涉外类方向
E. 其他
22. 在贵校对毕业生的调查中，毕业生对专业课程主要的建议是________________________。

23. 在贵校对文秘人才就业的调查中，用人单位对专业人才培养的主要意见是______________________。

## 高等职业院校文秘专业访谈方案

（学校）

被调研院校名称：
调研人：
调研时间：
调研内容：

一、贵校文秘专业教学有哪些创新？

二、贵校文秘专业建设有哪些成果？

三、贵校文秘专业的特色是什么？

四、贵校文秘专业人才培养方案在执行过程中存在的问题是什么？

五、贵校文秘专业人才培养方案的专业教学内容更新情况。

六、您认为影响文秘专业发展的困难和问题是什么？您的建议是什么？

## 高等职业院校文秘专业调查问卷

（毕业生）

亲爱的校友：

您好！首先，非常感谢您能在百忙之中填写问卷。本问卷旨在为全国高职文秘专业的教学标准的研制提供重要依据。我们将参考您的宝贵意见进一步优化人才培养模式和课程设置，深化教学改革，以培养更适应社会需求的高素质人才。本问卷不会用于任何商业用途。希望得到您的支持！最后，为您对文秘专业教育教学的支持和配合深表感谢！

2017 年 10 月

在您填写时，请直接将选项或您的答案填在相应的横线上或括号内。

本次问卷可能会花费您 15~30 分钟的时间，请仔细作答。

**第一部分　基本情况**

1. 您的性别是（　　）。

A. 男　　B. 女

2. 您的生源地：________省/自治区/直辖市________市/自治州（请具体写明）。

3. 您目前的工作状态（　　）。

A. 受雇全职工作　　B. 受雇兼职工作

C. 自主创业　　D. 无工作，继续寻找工作

E. 无工作

4. 您的工作地点是（　　）。

A. 一线城市市区　　B. 一线城市郊区

C. 二、三线城市市区　　D. 二、三线城市郊区

E. 中小城镇　　F. 农村地区

5. 您现在的工作单位属于哪个行业类型（　　）。

A. 政府机关　　B. 事业单位

C. 国有企业　　D. 民营企业

E. 自由职业

6. 您目前的工作岗位/职位是________________（请具体写明）。

7. 您目前的工作与所学专业是否相关（　　）。

A. 非常相关　　B. 比较相关

C. 基本相关　　D. 不太相关

E. 很不相关

8. 您对目前的工作总体满意度如何（　　）。

A. 非常满意（跳到10题）　　B. 比较满意

C. 基本满意　　D. 不太满意

E. 很不满意

9. 您对目前工作不满意的原因是（　　）（可多选）。

A. 收入低　　B. 劳动强度大

C. 与专业不对口　　D. 与自己兴趣不一致

E. 工作环境氛围差　　F. 其他

10. 根据自己的工作经历，您觉得自己最不容易适应的是（　　）。

A. 工作内容　　B. 工作环境

C. 与人交际

**第二部分　人才培养与课程设置**

11. 您对本专业的人才培养模式和方案是否了解（　　）。

A. 非常了解　　B. 比较了解

C. 基本了解　　D. 不太了解

E. 完全不了解

12. 您认为本专业的培养方向及定位能否满足市场的人才需求（　　）。

A. 完全能满足　　B. 比较能满足

C. 基本能满足　　D. 不太能满足

E. 完全不满足

13. 您认为本专业的课程设置是否满足人才培养目标的需求（　　）。

A. 完全能满足　　B. 比较能满足

C. 基本能满足　　D. 不太能满足
E. 完全不满足

14. 您对职业技能等级考试的看法（　　）。
A. 反对　　B. 可以接受
C. 赞成，它是学业的需要　　D. 赞成，它有助于更好地就业

15. 您对学校实践教学情况的评价（　　）。
A. 非常满意（跳到 17 题）　　B. 比较满意
C. 基本满意　　D. 不满意

16. 您对学校实践教学情况不满意的原因是（　　）（可多选）。
A. 实践课时数量太少　　B. 实践教学设计不合理，难以操作
C. 实践教学内容与实际脱节　　D. 实践教学考核评价方式不合理
E. 实训软硬件设施不能满足教学需要　　F. 其他

17. 您认为下表所列课程对工作的重要性如何：

| 课程名称 | 对工作是否重要 |
|---|---|
| 1. 秘书实务 | A. 很重要　B. 比较重要　C. 重要　D. 不太重要　E. 不重要 |
| 2. 秘书文案 | A. 很重要　B. 比较重要　C. 重要　D. 不太重要　E. 不重要 |
| 3. 办公自动化 | A. 很重要　B. 比较重要　C. 重要　D. 不太重要　E. 不重要 |
| 4. 实用汉语 | A. 很重要　B. 比较重要　C. 重要　D. 不太重要　E. 不重要 |
| 5. 会议管理实务 | A. 很重要　B. 比较重要　C. 重要　D. 不太重要　E. 不重要 |
| 6. 秘书商务活动策划 | A. 很重要　B. 比较重要　C. 重要　D. 不太重要　E. 不重要 |
| 7. 阅读与写作 | A. 很重要　B. 比较重要　C. 重要　D. 不太重要　E. 不重要 |
| 8. 演讲与口才 | A. 很重要　B. 比较重要　C. 重要　D. 不太重要　E. 不重要 |
| 9. 传统文化 | A. 很重要　B. 比较重要　C. 重要　D. 不太重要　E. 不重要 |
| 10. 人际沟通 | A. 很重要　B. 比较重要　C. 重要　D. 不太重要　E. 不重要 |
| 11. 档案管理 | A. 很重要　B. 比较重要　C. 重要　D. 不太重要　E. 不重要 |
| 12. 公共关系学 | A. 很重要　B. 比较重要　C. 重要　D. 不太重要　E. 不重要 |
| 13. 秘书礼仪 | A. 很重要　B. 比较重要　C. 重要　D. 不太重要　E. 不重要 |
| 14. 速录 | A. 很重要　B. 比较重要　C. 重要　D. 不太重要　E. 不重要 |
| 15. 文学与文化 | A. 很重要　B. 比较重要　C. 重要　D. 不太重要　E. 不重要 |

续表

| 课程名称 | 对工作是否重要 |
| --- | --- |
| 16. 秘书角色认知与职业素养 | A. 很重要　B. 比较重要　C. 重要　D. 不太重要　E. 不重要 |
| 其他很重要，但这里未列出的课程（请写在下面）： | |

18. 您认为下表所列课程是否能满足您的学习或工作需要：

| 课程名称 | 是否满足您的学习或工作需要 |
| --- | --- |
| 1. 秘书实务 | A. 完全满足　B. 比较满足　C. 基本满足　D. 不太满足　E. 完全不满足 |
| 2. 秘书文案 | A. 完全满足　B. 比较满足　C. 基本满足　D. 不太满足　E. 完全不满足 |
| 3. 办公自动化 | A. 完全满足　B. 比较满足　C. 基本满足　D. 不太满足　E. 完全不满足 |
| 4. 实用汉语 | A. 完全满足　B. 比较满足　C. 基本满足　D. 不太满足　E. 完全不满足 |
| 5. 会议管理实务 | A. 完全满足　B. 比较满足　C. 基本满足　D. 不太满足　E. 完全不满足 |
| 6. 秘书商务活动策划 | A. 完全满足　B. 比较满足　C. 基本满足　D. 不太满足　E. 完全不满足 |
| 7. 阅读与写作 | A. 完全满足　B. 比较满足　C. 基本满足　D. 不太满足　E. 完全不满足 |
| 8. 演讲与口才 | A. 完全满足　B. 比较满足　C. 基本满足　D. 不太满足　E. 完全不满足 |
| 9. 传统文化 | A. 完全满足　B. 比较满足　C. 基本满足　D. 不太满足　E. 完全不满足 |
| 10. 人际沟通 | A. 完全满足　B. 比较满足　C. 基本满足　D. 不太满足　E. 完全不满足 |
| 11. 档案管理 | A. 完全满足　B. 比较满足　C. 基本满足　D. 不太满足　E. 完全不满足 |
| 12. 公共关系学 | A. 完全满足　B. 比较满足　C. 基本满足　D. 不太满足　E. 完全不满足 |
| 13. 秘书礼仪 | A. 完全满足　B. 比较满足　C. 基本满足　D. 不太满足　E. 完全不满足 |
| 14. 速录 | A. 完全满足　B. 比较满足　C. 基本满足　D. 不太满足　E. 完全不满足 |
| 15. 文学与文化 | A. 完全满足　B. 比较满足　C. 基本满足　D. 不太满足　E. 完全不满足 |
| 16. 秘书角色认知与职业素养 | A. 完全满足　B. 比较满足　C. 基本满足　D. 不太满足　E. 完全不满足 |

19. 您建议文秘专业还应开设哪些课程？

20. 您认为您所学的文秘专业在教学中最应该改进的地方是（　　）（可多选）。

A. 课程内容不实用或陈旧　　B. 课程考核方式不合理

C. 实习和实践环节不够　　D. 课堂上学生的参与度不够

E. 无法调动学生兴趣　　F. 教师不够敬业

G. 教师专业能力差

21. 您认为哪些职业技能训练需要进一步加强？

______________________________________________

______________________________________________

**第三部分　综合素质提升情况**

22. 下表列出了 9 个项目，每一项包含 3 项调查内容，请根据自己的实际情况和具体感受，选择对应的选项。

| 项目 | 个人实际情况 | 该项对工作的影响 | 大学教育对该项的影响 |
|---|---|---|---|
| 1. 职业道德 | A. 很强　B. 较强<br>C. 一般　D. 较差<br>E. 很差 | A. 很大　B. 较大<br>C. 一般　D. 较小<br>E. 很小 | A. 很大　B. 较大<br>C. 一般　D. 较小<br>E. 很小 |
| 2. 心理承受和调节能力 | A. 很强　B. 较强<br>C. 一般　D. 较差<br>E. 很差 | A. 很大　B. 较大<br>C. 一般　D. 较小<br>E. 很小 | A. 很大　B. 较大<br>C. 一般　D. 较小<br>E. 很小 |
| 3. 诚信 | A. 很强　B. 较强<br>C. 一般　D. 较差<br>E. 很差 | A. 很大　B. 较大<br>C. 一般　D. 较小<br>E. 很小 | A. 很大　B. 较大<br>C. 一般　D. 较小<br>E. 很小 |
| 4. 基础、专业知识与技能 | A. 很强　B. 较强<br>C. 一般　D. 较差<br>E. 很差 | A. 很大　B. 较大<br>C. 一般　D. 较小<br>E. 很小 | A. 很大　B. 较大<br>C. 一般　D. 较小<br>E. 很小 |
| 5. 外语水平 | A. 很强　B. 较强<br>C. 一般　D. 较差<br>E. 很差 | A. 很大　B. 较大<br>C. 一般　D. 较小<br>E. 很小 | A. 很大　B. 较大<br>C. 一般　D. 较小<br>E. 很小 |
| 6. 实践动手能力 | A. 很强　B. 较强<br>C. 一般　D. 较差<br>E. 很差 | A. 很大　B. 较大<br>C. 一般　D. 较小<br>E. 很小 | A. 很大　B. 较大<br>C. 一般　D. 较小<br>E. 很小 |

续表

| 项目 | 个人实际情况 | 该项对工作的影响 | 大学教育对该项的影响 |
|---|---|---|---|
| 7. 人际沟通与合作能力 | A. 很强　B. 较强<br>C. 一般　D. 较差<br>E. 很差 | A. 很大　B. 较大<br>C. 一般　D. 较小<br>E. 很小 | A. 很大　B. 较大<br>C. 一般　D. 较小<br>E. 很小 |
| 8. 语言文字表达能力 | A. 很强　B. 较强<br>C. 一般　D. 较差<br>E. 很差 | A. 很大　B. 较大<br>C. 一般　D. 较小<br>E. 很小 | A. 很大　B. 较大<br>C. 一般　D. 较小<br>E. 很小 |
| 9. 创新能力 | A. 很强　B. 较强<br>C. 一般　D. 较差<br>E. 很差 | A. 很大　B. 较大<br>C. 一般　D. 较小<br>E. 很小 | A. 很大　B. 较大<br>C. 一般　D. 较小<br>E. 很小 |

## 高等职业院校文秘专业访谈方案

（毕业生）

被访谈毕业生：

调研人：

调研时间：

调研内容：

1. 可以分阶段问一下被访者大学三年期间具体的安排，分别取得了怎样的成绩，有过怎样的教训。

2. 被访者大学三年在文秘专业最大的收获是什么？最遗憾的是什么？

3. 被访者认为在校学习期间，哪些知识、能力、技能对他们现在的工作最有帮助？

4. 被访者对目前的工作满意吗？与当初期望的工作有差别吗？如果有差别，被访者期望从事什么样的工作？

5. 能谈谈对文秘专业建设的建议吗（如课程设置、教学实践、职业技能训练等）？

一、访谈对象

在所有受访高等职业院校中随机选择文秘类专业的毕业生。

二、访谈目的

为本轮高等职业院校文秘类专业教学标准的研制奠定工作基础，提供依据。

三、访谈的意义

为文秘专业课程设置、教学实施、职业技能训练等方面提供宝贵的经验，为文秘人才培养与文秘专业未来的发展提供参考。

四、访谈方式

此次活动采取双人座谈或多人座谈形式，并分时间段对不同的人进行访谈。

五、访谈时间地点

最好选在一些比较轻松的环境场所。时间在 11 月份，持续一个月。具体时间根据访谈对象的时间随机而定。

六、访谈前期工作

1. 提前预约

以电话的形式与被访谈者保持联系，最好提前一周预约好。

2. 访谈前准备

必备证件、器材［如照相机、录音笔、访谈本、摄像机（如有条件）等］。

七、访谈过程

开场白要具有引导性，提问过程中要注意细节、注意礼貌。提问的问题要随机应变，善于营造轻松氛围。

八、访谈后期

整理收集到的资料，整理访谈问答记录，完成书面报告，并传给被访谈者进行确认，保证正确无误。

# 附件 2　浙江调查资料

| 岗位名称 | 任职要求 | 岗位职责 | 公司名称 |
| --- | --- | --- | --- |
| 行政助理 | 1. 全日制本科及以上学历，教育类、中文或文秘等相关专业<br>2. 具有较强的文字功底，熟悉各类文体的写作，熟练使用各类办公软件<br>3. 工作细致、有条理，应变能力强、逻辑性强，具有良好的职业素养、团队意识和职业操守<br>4. 具备良好的学习能力、组织能力、沟通表达能力<br>5. 具备较强的组织策划能力、人际沟通能力、应变协调能力<br>6. 具有 2 年以上实际驾驶经验者优先 | 1. 负责撰写各类总结、学术材料及公文处理等文字工作<br>2. 负责会议组织、记录及相关事项的督促落实工作<br>3. 负责相关活动报道、宣传软文的编辑推送工作<br>4. 负责档案管理、大事记梳理工作<br>5. 完成领导交办的其他工作 | 浙江省浙派教育生态科学研究院 |
| 行政助理/文秘 | 1. 思维敏捷、思路清晰，具有良好的职业意识<br>2. 具有较强的书写、电脑操作能力<br>3. 熟悉财务方面相关工作者优先 | 1. 负责各品牌五金订货，做好订货记录，及时更新产品价格<br>2. 负责管理公司各类合同<br>3. 公司各项目结算工作<br>4. 公司各类行政工作：考勤，快递，机票、酒店预订<br>5. 负责一部分人事工作：招聘网站更新，初步筛选简历<br>6. 及时处理总经理的各类事务<br>7. 会 CAD 操作者优先 | 杭州兰欣建筑材料有限公司 |
| 党务文秘/党办文秘 | 1. 年龄 35 周岁以下，本科及以上学历，中共党员，中文、新闻、哲学、历史、工商管理等相关专业<br>2. 具有 2 年以上的相同岗位工作经历，但条件优秀的应届毕业生也可考虑<br>3. 文字功底好，思路清晰，逻辑表达能力较强<br>4. 具有良好的沟通能力，工作积极主动，责任心强，有优秀的执行力 | 1. 负责公司党支部委员会、董事会、总经理办公会议等决策机构的决策材料准备和流程办理<br>2. 负责党支部的组织建设、制度建设、思想建设和作风建设的日常工作，按照上级党组织要求做好党员的日常管理、教育以及工作台账记录<br>3. 负责起草公司会议纪要、公文、总结计划、工作报告和重要领导讲 | 浙江省皮革塑料有限公司(国企) |

续表

| 岗位名称 | 任职要求 | 岗位职责 | 公司名称 |
|---|---|---|---|
| 党务文秘/党办文秘 | 5. 能够熟练使用 Word、Excel、PowerPoint 等相关软件 | 话稿等各类文件材料，做好信息报送和宣传报道<br>4. 负责公司各类文件、资料的收发、传阅、统计和档案管理，承办公司重要会议和重大活动，参与公司重要来访宾客的接待工作<br>5. 完成上级交办的其他行政事务性工作 | 浙江省皮革塑料有限公司（国企） |
| 总经理助理 | 1. 年龄 35 周岁以下，本科及以上学历，中共党员，中文、新闻、哲学、历史、工商管理等相关专业<br>2. 具有 2 年以上的相同岗位工作经历，但条件优秀的应届毕业生也可考虑 | 1. 本科以上学历，文秘专业或相关专业者优先考虑，优秀者可放宽要求<br>2. 有较好的沟通表达能力，有相关工作经验者优先考虑<br>3. 处事有原则，头脑灵活<br>4. 高效快捷处理有关事务<br>5. 有一定的商务洽谈、客户谈判能力 | 浙江乘合创品投资管理有限公司 |
| 商务文秘 | 1. 1 年以上市场工作经验，熟悉招投标流程，能独立撰写标书<br>2. 熟练使用 Word、Excel，具备较好的商务文档编写能力<br>3. 执行力强，沟通能力强，有责任心 | 1. 响应招标文件，独立完成商务部门标书的撰写<br>2. 进行初步的售前沟通 | 税友软件集团股份有限公司 |
| 资料文员/资料录入员/资料审核员 | 1. 年龄 20~30 岁，女性；擅长电子表格数据分析，逻辑思维佳<br>2. 1 年以上相关工作经验<br>3. 工作仔细认真、责任心强、为人正直 | 1. 负责本部门执行标准、安全技术类别、成分、规格、洗涤方式、价格、水洗标、不干胶等的分类和整理<br>2. 熟练 Office 软件，尤其是 Excel 的 Vlookup 函数，以及 Excel 数据筛选分析功能<br>3. 完成部门经理交代的其他工作 | 杭州浩利服饰有限公司 |
| 统计员 | 1. 品行端正，有良好的职业素养<br>2. 工作认真负责，正能量<br>3. 计算机操作熟练，办公软件操作精通 | 1. 统计各类数据（包括物流发运数据、销售数据及各类报表）<br>2. 行政后勤的相关事情 | 浙江新源华化学品有限公司 |

续表

| 岗位名称 | 任职要求 | 岗位职责 | 公司名称 |
|---|---|---|---|
| 董事长助理 | 1. 年龄 25~30 岁，全日制本科及以上毕业，具备 1 年以上实操驾龄<br>2. 人品善良，性格开朗、随和，责任心强，团队协作能力佳<br>3. 形象气质佳，2 年及以上相关工作经验者优先考虑 | 1. 负责董事长文件、信件以及函电的接收与转达<br>2. 负责董事长日常经营工作中文件的起草<br>3. 负责来访接待、商务随行<br>4. 代表公司与政府对口部门和有关社会团体、机构联络<br>5. 完成董事长授权与交办的其他工作任务 | 浙江黄唇渔生物科技有限公司 |
| 技术文秘 | 1. 大专及以上学历，理工科，机械类专业优先<br>2. 熟悉 Windows 操作系统和各种文字处理软件，并能灵活运用<br>3. 具有良好的文字处理和沟通能力<br>4. 工作责任心强、细心、守密，具备协调能力和团队合作及敬业精神<br>5. 有相关工作经验优先 | 1. 负责配合工程师编写、整理开发文档<br>2. 负责编写项目相关资料<br>3. 负责项目组配合项目经理协调项目及相关工作<br>4. 负责图纸及技术文件管理<br>5. 协助研发部门的日常工作，处理部门事务 | 思科涡旋科技（杭州）有限公司 |
| 国企文秘 | 要求新闻类或汉语言文学专业，有编辑新闻稿和报告的经验，知识面广，学习能力强 | 1. 协助领导组织协调日常工作，做好领导批办事项的督办工作<br>2. 负责有关领导工作文稿的撰写、打印和上报工作，拟定上传下达的各类文件，协助分管领导做好单位各阶段的各项工作计划、总结，当好领导的参谋<br>3. 负责各项信息的收集、整理和利用工作做好各类简报、信息和相关材料的报送工作<br>4. 根据要求撰写公司宣传用新闻通稿，宣传文案等<br>5. 有新闻媒体、自媒体资源等优先录取 | 中节能（杭州）物业管理有限公司 |

续表

| 岗位名称 | 任职要求 | 岗位职责 | 公司名称 |
| --- | --- | --- | --- |
| 总裁助理 | 1. 本科以上学历，经济、金融等相关专业优先<br>2. 具有优秀的语言表达能力、极强的沟通协调能力，在错综复杂的情况下，具备审时度势、随机应变的能力<br>3. 文案能力强，能独立完成投资项目相关文件的撰写<br>4. 责任心强、有敬业精神，能承受较大的工作压力 | 1. 负责总裁会议的组织及材料准备<br>2. 协助总裁开展各项工作，处理日常事务及工作出行<br>3. 做好总裁的参谋助手，搜集相关行业和产业资料提供参阅。根据总裁的思路，系统化地写出相关战略规划<br>4. 依照总裁的指示起草对内、对外行文、通知、函件及其他相关文件，并经过相应审核流程后负责发布、传递等工作，保证信息的及时传达<br>5. 负责公司涉外接待工作，协助领导处理商务谈判及各项汇报，陪同领导出席会议<br>6. 总裁交代的其他工作 | 兔狗（杭州）投资管理有限公司 |
| 会议行政文秘/会议专员 | 1. 全日制大专及以上学历，2 年以上工作经验<br>2. 要求保密意识强，人品端正<br>3. 具备较强的阅读理解能力<br>4. 有文秘相关工作经验者优先 | 公司各大会议纪要整理，保管 | 武汉佰钧成技术有限责任公司 |
| 总监助理/商务助理 | 1. 大专及以上学历，管理类、文秘类、传媒类相关专业优先<br>2. 沟通表达能力强，思维敏捷，性格阳光，形象良好<br>3. 具备较强的文字功底和一定的文案能力 | 1. 配合总监做好媒体沟通、外部合作、资源交换等外联工作<br>2. 做好对政府代表、重要客户和协会其他领导的接待工作，做好重要客户关系的沟通与维护工作<br>3. 领导交付的其他工作 | 浙江奇异鸟生物科技有限公司 |
| 销售文秘/销售行政 | 1. 性格外向，责任心强，有一定的抗压能力<br>2. 具备良好的沟通协调及表达能力，有一定突发事件处理能力<br>3. 精通办公软件，具有较强的文字功底<br>4. 有相关工作经验 1 年及以上 | 1. 协助部门领导开展日常工作，跟进并落实各项工作的上传下达<br>2. 协助部门领导拟写发文文件及起草制定各项规章制度<br>3. 月度、季度、年度各类数据统计汇总及报表编写<br>4. 组织安排月度会议、部门例会等召开 | 浙江施强制药有限公司 |

续表

| 岗位名称 | 任职要求 | 岗位职责 | 公司名称 |
| --- | --- | --- | --- |
| 销售文秘/销售行政 | | 5. 配合部门领导处理外部协调、内部沟通工作<br>6. 新品 App 开发需求对接沟通，功能开发跟进<br>7. 完成领导交办的其他工作 | 浙江施强制药有限公司 |
| 业务文秘 | 1. 年龄 18~30 岁<br>2. 学历不限，有相关文职工作经验者优先<br>3. 普通话标准，沟通能力强 | 1. 网上信息的发布和收集<br>2. 与有意向租赁房屋的客户进行电话沟通及预约<br>3. 与本部门销售人员进行业务配合，成功完成租赁及买卖合同的签订 | 北京中润置家房地产经纪有限公司 |
| 文秘专员 | 大专学历，电脑操作熟练，有文秘背景者优先 | 1. 做阿里巴巴公司来访业务交流的会议记录和纪要整理，数据结构化，数据分拣和重新录入<br>2. 保密意识强 | 杭州博彦信息技术有限公司 |
| 部门文秘 | 1. 大专及以上学历<br>2. 工作认真负责，具有较好的沟通能力、协调规划能力和较强的抗压能力 | 根据公司各项规章制度、部门作业流程和作业规范，在部门主管授权范围内，协助部门主管开展部门管理工作，协助部门内业务类岗位开展业务工作，负责部门日常行政后勤工作 | 浙江中控技术股份有限公司 |
| 合同管理/文秘 | 1. 大专及以上学历<br>2. 熟悉电脑操作及各类办公软件、办公自动化设备<br>3. 具备较强的工作推进能力和执行力<br>4. 具备良好的职业素养和职业操守，做事踏实细心、严谨自律、有条理性<br>5. 同岗位 1 年以上工作经验，法务类、管理类专业优先 | 1. 业务合同起草、审核<br>2. 负责与合同有关的档案管理，建立合同台账<br>3. 与公司和项目各部门进行沟通交流<br>4. 完成领导安排的其他工作事宜 | 杭州市停车产业股份有限公司 |

续表

| 岗位名称 | 任职要求 | 岗位职责 | 公司名称 |
|---|---|---|---|
| 行政管理/人事专员 | 1. 本科及以上学历，行政管理、文秘、公共关系相关专业优先<br>2. 形象好、气质佳，有中、大型公司行政接待服务工作经验者优先<br>3. 拥有良好的沟通与协调能力，懂商务礼仪<br>4. 性格开朗、热情，具备良好的服务意识及态度，工作积极主动 | 1. 负责前台日常接待服务工作，包括接听电话、来宾接待等<br>2. 负责前台区域环境卫生的整洁，保证设备安全及正常运转（包括复印机、空调、门禁卡）<br>3. 提供外来件（快件、包裹、挂号信、明信片）代收、保管、送达通知服务<br>4. 完成上级交给的其他行政工作 | 中联宝业（天津）房地产经纪有限公司 |
| 仓库文秘 | 有经验者优先，有电脑基础知识 | 主要负责仓库产品出入库清点，发货出单 | 杭州酷改汽车用品有限公司 |
| 电脑文秘 | 大专、医学相关专业优先 | 临时辅助 | 浙江大学医学院附属儿童医院 |
| 后勤文员 | 1. 大专以上学历，20~30 岁<br>2. 熟悉行政工作流程，办公用品采购流程，企业资产管理<br>3. 较强的责任心和敬业精神，良好的组织协调能力及沟通能力，较强的分析、解决问题能力<br>4. 熟练使用办公软件和办公自动化设备 | 1. 负责公司资产管理、办公用品采购及劳保用品的管理工作，避免公司资产流失和浪费<br>2. 负责书刊资料印刷、快递、物流及办公室的其他事情<br>3. 负责对外联络与接待工作，包括联系各种场地等<br>4. 为公司所有部门提供必要的办公设施及其他后勤支持，积极协调各部门关系<br>5. 认真完成上级主管交办的各项工作 | 杭州帝通广告有限公司 |
| 文印室管理员 | 1. 35 岁以内，身体健康，可接受业务旺季适当加班<br>2. 细心、耐心、有条理，具备良好的沟通能力和解决问题能力<br>3. 可熟练操作办公设备及办公软件 | 1. 公司公章、介绍信管理<br>2. 负责报告出具相关资质的审核装订 | 大华会计师事务所 |

续表

| 岗位名称 | 任职要求 | 岗位职责 | 公司名称 |
| --- | --- | --- | --- |
| 文字文秘 | 1. 4年以上文秘从业经验，有编辑工作经验者优先<br>2. 汉语言文学、新闻学、高级文秘等相关专业本科以上学历<br>3. 具有大型国企、政府事业单位工作背景，善于总结、发言、汇报、对外宣讲<br>4. 保密意识强，思维敏捷、办事效率高，组织和沟通协调能力强<br>5. 具有较强的文案写作能力、出色的文字组织能力，写作经验丰富，具备优秀的文字及口头表达能力，熟悉企业各类公文撰写的格式和规范 | 1. 负责公司重要报告的起草，主要有领导讲话稿、对外宣传文稿、公函等公文及其他材料的撰写工作<br>2. 负责各相关单位、部门材料收集及整理工作<br>3. 做好撰写文稿、会议纪要、宣传材料等档案材料的汇总整理<br>4. 配合组织会议并负责会议纪要撰写<br>5. 负责公文处理、文稿撰写等工作<br>6. 负责部门信息、对外宣传稿件撰写及报送工作<br>7. 协助总经理协调内部工作，安排工作日程<br>8. 完成领导安排的其他工作 | 泰斯福德（北京）科技发展有限公司 |
| 楼盘采集员 | 1. 熟悉计算机操作，熟练使用Excel<br>2. 理解、学习能力强，吃苦耐劳，具备较强抗压能力<br>3. 良好的亲和力、沟通能力以及团队合作精神<br>4. 有楼盘相关工作经验者优先 | 1. 负责协调完成楼盘信息采集，主要包括楼盘名称、楼号、单元、房间号信息及照片<br>2. 负责核查采集的楼盘信息及照片，并制作成Excel表格上传至系统<br>3. 使用Excel表格实现系统房源与新楼盘库的一一映射<br>4. 负责业务沟通，及时维护和更新楼盘信息<br>5. 参与楼盘库建设制度及相关标准的制定，如楼盘库采集标准、楼盘库更新管理制度等 | 北京我爱我家职能组 |
| 售后信息员 | 1. 大专及以上学历<br>2. 1年以上相关工作经验<br>3. 了解汽车构造、汽车维修相关知识<br>4. 较好的语言表达能力和协调能力 | 1. 根据售后业务的执行情况，主办售后业务报表的编制工作，并保证报表信息准确无误，完成售后业务报表的转发工作，将报表快速、及时地送达各相关业务人员 | 广汇汽车服务股份公司 |

续表

| 岗位名称 | 任职要求 | 岗位职责 | 公司名称 |
|---|---|---|---|
| 售后信息员 | | 2. 负责厂家售后服务的信息接收、登记、传递及管理，以及信息反馈工作<br>3. 负责承办售后用户的档案资料的录入工作，确保信息、数据的有效和准确，保管档案资料，方便日后的资料提取，并为决策提供重要依据，及时确认并更新已变更的档案资料<br>4. 负责协调服务顾问的工作时间，确保排班准确及时，有效完成售后服务，处理售后服务人员的假期申请等行政事务，负责部门内会议纪要的整理、上报和下发 | 广汇汽车服务股份公司 |
| 客服专员 | 1. 大专及以上学历，普通话标准，有客服和电话营销相关工作经验者优先<br>2. 有耐心，做事细心，性格开朗热情，具有良好的客户服务意识<br>3. 具有良好的语言表达能力，反应快，有责任心和团队合作精神<br>4. 熟练掌握 Office 等常用办公软件<br>5. 认同新东方的文化和企业价值观 | 1. 整个公司的日常费用报销制作与审批（如招待费、办公用品费、打印费、会议费、通信费、水电费、运费、交通差旅费等）<br>2. 协助财务处理报销问题<br>3. 核对报销明细及反馈<br>4. 报名系统业务操作（包括班课与一对一）<br>5. 能为客户提供课前咨询、课程报名、课后回访等服务，耐心回答客户问题（班课）<br>6. 协助处理数据并进行统计与播报（班课）<br>7. 完成领导安排的其他工作 | 北京东方优播网络科技有限公司 |
| 人力资源专员 | 1. 专科以上学历，1 年以上招聘经验，教育培训行业工作优先，人力资源相关专业优先<br>2. 良好的招聘面试技能、抗压能力以及团队合作意识，善于自我激励<br>3. 具备良好的亲和力，优秀的语言表达能力、沟通协调能力和分析判断力 | 1. 根据公司招聘计划，完成招聘工作<br>2. 收集并筛选简历，面试并对面试结果进行跟踪反馈<br>3. 负责招聘渠道的维护和拓展、招聘广告的发布、招聘网站信息的维护和更新<br>4. 负责员工入职、离职、转正、考勤、工资计算等事宜 | 搜藏（北京）文化发展有限公司 |

续表

| 岗位名称 | 任职要求 | 岗位职责 | 公司名称 |
| --- | --- | --- | --- |
| 人力资源专员 | | 5. 负责公司员工关系维护，组织各项员工活动<br>6. 监督执行公司各项人力资源管理制度，完善人力资源管理 | 搜藏（北京）文化发展有限公司 |
| 金融行政助理 | 1. 专科及以上学历，有勇气，敢担当，积极勤奋<br>2. 有卓越的目标、能坚持，喜欢有挑战性的工作，有一定抗压能力<br>3. 认真，有创业情怀，有深厚的人文素养者优先考虑<br>4. 这是一个综合类工作，需要应试者有很好的沟通和管理潜质<br>5. 有过销售经历或对营销、人力资源、管理类感兴趣者优先录用 | 1. 在央企背景下，利用公司资源，开拓北京的高端理财市场，为高端客户推荐适合的理财方案，并且建立、维护客户网络资源<br>2. 组建自己的理财团队，通过公司的支持和培养，开拓北京的高端市场，新人实习或正式入职后，每一个工作环节都有专门人员进行辅导培训 | 朱口集团有限公司 |
| 文案编辑 | 1. 会进行文字的处理和校对，信息的收集传递<br>2. 要求熟练进行文字录入，具备简单的文档视频信息的分析能力 | 1. 信息甄别与辅助推送，文案的整理与编辑<br>2. 根据已有的资料，搜集网上资料，完成视频脚本撰写 | 北京西盈信息技术有限公司 |
| 汽车金融信息员 | 1. 大专及以上学历，金融、财务及相关专业<br>2. 3 年以上工作经验，其中包含 1 年以上汽车贷款相关工作经验<br>3. 熟悉汽车信贷相关知识，具有一定财务基础<br>4. 具有较好的沟通谈判能力，一定的财务运算能力 | 1. 全面学习金融业务流程工作，为客户提供有关车贷产品的信息服务，负责车贷业务手续整理报送<br>2. 负责为客户申请报送合作伙伴的相关系统，协助金融保险经理进行汽车金融市场调研与相关数据分析，协助金融保险经理开展市场宣传和促销活动的数据整理及分析，与合作伙伴进行日常邮件等信息沟通<br>3. 负责记录本店车贷信息，DSERP 系统汽车金融数据的录入与维护，向厂家的车贷及车险的请款工作，负责汽车金融客户相关资料留档保存，店内汽车金融相关数据统计汇报等工作，支持金融保险经理汽车金融业务其他方面的数据工作 | 广汇汽车服务股份公司 |

续表

| 岗位名称 | 任职要求 | 岗位职责 | 公司名称 |
|---|---|---|---|
| HR 专员 | 1. 专科及以上学历，专业不限<br>2. 善于学习和总结，有较强的责任心和执行力<br>3. 有较强的组织协调能力、团队精神和敬业精神<br>4. 熟练使用办公软件，有较强的文字表达和沟通能力<br>5. 有校园招聘工作经验的优先 | 1. 熟悉并掌握招聘流程，并能独立完成日常招聘渠道使用及维护<br>2. 负责内部员工档案管理，完成日常的各类人事报表的制作与数据汇报<br>3. 熟悉公司人员结构，及时了解和把握员工状态，维护团队的稳定<br>4. 协助上级完成公司的人事战略目标，保证人才补给和面试工作 | 搜藏（北京）文化发展有限公司 |
| 服务专员 | 1. 大专及以上学历<br>2. 有良好的服务意识，有服务行业相关工作经验者优先<br>3. 熟练使用计算机<br>4. 成熟稳重，乐于助人并且具备独立处理问题的能力<br>5. 良好的沟通及协调能力<br>6. 形象及气质良好 | 1. 负责相关行政事务<br>2. 负责客户接待工作<br>3. 协助客户服务<br>4. 协助处理公司内/外部的其他事宜 | 美吉姆国际儿童教育中心 |
| 行政前台 | 1. 年龄 23~28 岁，性格开朗热情、有亲和力，执行力强，熟练使用电脑办公软件<br>2. 具有 1 年以上行政前台、文秘相关工作经验者优先考虑<br>3. 具备良好的协调能力、沟通能力，工作热情度高，富有责任心，普通话标准<br>4. 身材匀称，形象气质佳，微笑服务、主动服务意识强 | 1. 负责来访客户的接待、基本咨询、引见和送别，懂得基本商务礼仪，遵守公司的接待服务规范，保持良好的礼节礼貌<br>2. 负责收发公司信件、文件、快递等<br>3. 负责日常办公用品采购、发放、登记管理，办公室设备日常维护管理<br>4. 负责跟物业对接以及物业费用结算<br>5. 负责办公区的日常环境维护<br>6. 协助部门其他行政事务的安排及执行 | 杭州慧信行网络科技有限公司 |

## 附件3 安徽调查资料

本次调查，我们先后到安徽达尔智能控制系统股份有限公司、芜湖碧桂园房地产开发有限公司、芜湖市雨耕山实业有限公司等企业，了解文秘岗位的需求情况、岗位工作任务、岗位所需要的素质、岗位所需要的知识、岗位需要的能力等。

一、企业基本情况

安徽达尔智能控制系统股份有限公司，是一家专门从事智能交通系统集成项目咨询、软件开发以及运营维护服务的国家高新技术企业。它于2015年7月30日在全国中小企业股份转让系统正式挂牌上市，公司主营智能交通系统集成、智能指挥中心及交警管理平台建设、智能交通系统维护等。公司自成立以来，紧紧围绕国家大力发展战略型新兴产业的方针，围绕“智能交通”“物联网”“车联网”等方向，不断创新发展，形成了今天具有一定规模和实力的智能交通系统集成研发和产品生产能力的专业智能交通企业。

芜湖碧桂园房地产开发有限公司，公司注册地址为芜湖市弋江区马塘街道碧桂园塘溪源著物业服务中心，作为一家全国知名的房产公司，曾经开发出了多个住宅和商业小区，在芜湖地方属于享有一定名望和社会地位的企业。该企业注册资金为5000万元，为一家中型企业。

芜湖市雨耕山实业有限公司，其注册地址为安徽省芜湖市镜湖区吉和南路26号，其业务领域非常广泛，包括食品、艺术设计、日常用品、商务信息咨询等各类业务，其注册资金为5000万元，是一个有一定影响力的中小型公司。

二、文秘岗位的需求情况

（1）办公室。文员岗位、行政专员、人事专员、总经理文秘等。

（2）项目管理。项目申报专员、资料整理、文档归类。

（3）接线员、话务员、派单员。

（4）网站、微信公众号的维护等。

三、文秘岗位的素质能力要求

（1）文字功底强，报材料、做PPT、写提案等，具体来说要熟悉纪要的整理，懂得档案管理，熟悉常规文档的起草、报告等公文的格式，熟悉新闻报道，能够处理信息，熟悉后台发布，具有媒体应用能力。

（2）反应速度快，执行力强。

（3）有悟性，会沟通，综合协调能力强。能够准确理解领导的意图，能将领导的意图转化为可操作、可执行的方案，能协调各个部门之间的关系。

（4）形象佳，懂得商务礼仪，注重仪表仪态。

（5）快速适应能力强。能快速学习、快速成长，忠诚度高，服从公司的管理。

（6）勤快，能吃苦耐劳。

四、文秘人才培养的建议

（1）提升综合素质。企业在招聘文秘岗位时，往往不限专业，从事文员岗位的待遇不高。对于文员未来的成长，可选择的空间不大。只有那些综合素质高，发展空间大的，将来走向专业化道路的可能性才越大。

（2）注重实习。在文秘专业的人才培养过程中，要注重学生实习实训，让学生在真实的职场中锻炼自己，深入到企业一线了解真实的岗位。

（3）课程教学中注重用正能量引领学生成长。可以用读书会等方式，教会学生读书，训练学生的思维。

（4）提升学历层次。在碧桂园这样的大企业，文秘岗位的员工招聘学历要求起码是本科。在一些基本岗位，本科与专科差不多，但在管理岗位，学历越高，系统性越好。在做好三年专科学历教育的同时，要积极鼓励学生提升学历层次。

## 附件 4　广西调查资料

随着移动设备及移动网络的快速发展，新媒体已经与民众的日常生活深度融合。与此同时，新媒体凭借推广成本低、推广效果相对直观、覆盖面广、沟通机制畅通等优势，成为企业的重要推广平台。但一些企业在这方面存在一些问题，主要表现为缺乏新媒体运营人才、跟不上新媒体平台的迭代更新等。为了深化产教融合，强化校企合作，南宁职业技术学院文秘专业对五家企业进行了调查，以期了解企业对新媒体岗位的需求情况，以便调整教育教学方向，进行课程改革，适应时代的需要、企业的需要。

一、调查的基本情况

本次用半结构化访谈方式调研了五家企业，分别是广西聚骄鸣校教育策划有限公司、广西锦绣前程人力资源股份有限公司、广西洛梵科技股份有限公司、广西新方向现代农业发展有限公司、广州晶东贸易有限公司。除去广州晶东贸易有限公司为超大型企业外，其余均为小型企业，覆盖教育、人力资源、科技、农业等。

调查涉及五个问题：

问题一："企业出现的文秘类或与文秘专业相关的岗位有哪些？"

广州晶东贸易有限公司出现的新岗位为综合支持岗、数据分析岗，另外四家企业均表示新媒体专员、新媒体编辑、新媒体文案策划为新出现的岗位。广州晶东贸易有限公司系京东公司子公司，属于互联网行业的标杆企业，具备完善的组织结构体系，新媒体工作已经十分成熟，由专业人员负责，不需要文秘人员承担额外的工作内容。而小型企业对文秘人员从事新媒体岗位工作的需求较为迫切，可能与小型企业的人力资源成本控制、新媒体岗位吸引力不足等因素相关。

问题二："请将企业新出现的文秘相关岗位的工作任务、重要程度或者频次进行排序。"

五家企业的排序分别为：

广西聚骄鸣校教育策划有限公司：新媒体编辑—新媒体活动策划与执行。

广西锦绣前程人力资源股份有限公司：结合社会热点撰写软文—自媒体营销。

广西洛梵科技股份有限公司：营销推广文字创作—产品的文案编写—新媒体文案编辑—企业文化传播。

广西新方向现代农业发展有限公司：公司网站—公众号—App 的文章编写、推送等内容更新。

广州晶东贸易有限公司：费用报销—资产管理—成本预算管理—物资采购管理。

除广州晶东贸易有限公司外，有三家企业将新媒体工作任务排在首位，广西新方向现代农业发展有限公司则是在做好传统门户网站工作的同时，开展公众号及 App 工作。

问题三："企业新出现的文秘相关的岗位需要文秘学生具备的素质有哪些？"

五家企业提及的素质包括文案创意思考、新媒体活动策划与执行能力、诚信、企业忠诚度、写作能力、上传下达能力、沟通协调能力、积极向上的精神、学习能力、对新事物的敏感度、抗压能力、热爱互联网、善于把握用户需求的能力、洞察力、创新能力、团队合作能力、规划分析能力。其中三家企业提及新媒体写作能力，三家企业提及新媒体的运营能力，三家企业提及新媒体工作需要对新事物的敏感度及洞察力。所有企业均提及新媒体工作所需素质。

问题四："企业新出现的文秘相关岗位需要文秘学生具备的知识有哪些？"

答案包括新媒体文案的概念及特点、新媒体文案写作技巧、微营销知识、社会心理知识、计算机知识、公文写作知识、广告学知识、商务礼仪知识、美学知识、摄影摄像知识、速记知识、数据处理知识。企业对新媒体岗位人员的要求系复合型要求，传统观念认为新媒体岗位属于新闻传播专业，这种看法失之偏颇，新媒体岗位工作涉及面广，知识更新要求快，对工作人员的综合能力要求高，从企业的反馈看，文秘专业课程的设置在一定程度上与企业要求相契合。

问题五：“企业新出现的文秘相关的岗位需要文秘学生具备的能力有哪些?”

答案包括新媒体写作、编辑、运营、数据分析能力、学习能力、抗压能力、沟通能力、文字编写能力、总结归纳能力、创新能力、应变能力、档案管理能力、表达能力、团队间协作能力、活动组织能力。企业的反馈表明，除学习、沟通、文字编写等基本能力外，文秘专业应重视培养学生的新媒体写作、编辑、运营、数据分析等能力。

二、新媒体人才培养存在的主要问题

根据企业对新媒体工作岗位及工作人员的需求反馈，审视文秘专业现行新媒体课程设置、教学实践、培养导向等情况，现存的主要问题如下。

（一）新媒体课程与文秘专业是否匹配的问题

一般情况下，与“媒体”一词相关的课程或者工作，习惯将其划分至新闻或传媒专业，因此文秘专业设置新媒体课程会引发专业和课程设置是否相符的疑问。调研过程中发现，中小企业因考虑到用人成本、人岗匹配等问题，除互联网企业外，通常很少聘专人负责新媒体运营，而是由办公室人员兼职负责日常撰稿、编辑、发布等更新维护工作，即对文秘人员提出了更高的职业要求。根据该要求，文秘专业开设新媒体课程即是一种积极的专业探索与实践，所培养的文秘人员能够解决中小企业既要节约用人成本，又要适应市场环境借力新媒体的需求。

（二）新媒体人才培养方向不够明朗

专业学习过程中文秘学生对新媒体技能应掌握到何种程度？新媒体课程涵盖广泛，包括新媒体营销概论、微信营销与运营、微博营销与运营、社群营销与运营、直播营销、新媒体传播、新媒体写作平台与运营、新媒体运营实战技巧等内容。每个企业对新媒体工作的要求也有层次区分，部分企业根据企业内部文化建设需要，仅仅要求日常内容的更新与维护，而部分企业根据市场的需要，要求通过新媒体渠道实现变现，如要求配合活动引爆网络传播，实现最大收益。因此，根据企业不同需求，可以进行一个初步的划分：文化建设类、营销类、社群运营类等。那么文秘如何针对不同的分类提供不同教学方案？是设计有针对性的小班教学，还是提供一揽子解决方案？这都是专业急需考虑的问题。

（三）缺乏足够的新媒体实训条件

当前，文秘专业学生从事新媒体实践主要依托专业公众号，但专业公众号主要以发布新闻为主，存在的主要问题有：一是缺乏市场基因，学生未能在真实的市场环境中得到锻炼；二是专业公众号所需工作人员有限，体量不能保证所有学生均得到实践锻炼。如何有效解决新媒体课程的实训问题是文秘专业面临的一大挑战。

三、课程教学改革建议

（一）打破固有的专业划分界限

将新媒体人才培养纳入文秘专业核心课程。培养文秘学生的显性技能，包括新媒体文案创作、新媒体平台管理与运营、新媒体营销等内容，并使文秘专业的其他课程与新媒体课程有机融合，使新媒体工作技能成为文秘学生综合能力的重要外显途径之一，紧紧抓住新媒体方向，改变文秘专业技能非显性的弱势。

（二）设计科学的新媒体教学体系

新媒体环境日新月异，尤其是平台的变更与迭代更是让人目不暇接。新浪微博、微信公众号、简书、今日头条、搜狐号、豆瓣、知乎及领英等都在市场上占有一席之地。另外，各企业平台的运行性质与类型也不一致。但是，从本质上看，所有类型的平台均离不开文稿的撰写和稿件的编辑，因此文秘专业对新媒体人才的培养方向应以软文撰写和编辑为核心，辅以营销、传播等内容教学，再不断添加如直播等新兴手段等丰富教学体系，促使学生成长为文字功底过硬，知识面广博的新媒体人才，以便学生能够主动、积极地迎接新媒体环境的变化和挑战。

（三）改善新媒体课程实训环境

建立文秘专业秘书事务所，承接企业新媒体平台的托管服务，如 A 企业将其微信企业公众号托管至文秘专业秘书事务所，由学生成立工作小组负责日常的运营和管理，教师从旁指导。由此构建一个“三赢”的实训体系，深化校企合作与产教融合：一是企业以较低的成本保证新媒体平台得以正常运转；二是文秘专业学生得到实践锻炼，与市场充分接轨；三是文秘专业内涵建设得以丰富，实训建设升级，学生就业渠道拓宽，市场需求反馈及时。

本次调查的基本结论是：企业对文秘专业人才的技能需求随着时代的变化也在不断发生变化，文秘专业培养体系与新媒体方向是继承与发展的关系，从新媒体时代的视角看待专业建设，有利于探索文秘专业发展的新出口，促进文秘专业技能的显性发展，深化校企合作与产教融合。

## 附件 5　广东调查资料

我们对五家企业进行了调研。这五家企业既有华为这样的超大型高科技企业以及深圳国泰安这样的大型企业，也有珠海泰坦软件、珠海世荣兆业这样的中型企业，还有中创慧文这种小微企业，样本分布在高科技、房地产、教育产业等多个领域，具有一定的代表性。

一、深圳华为科技有限公司

（一）企业基本情况

（1）所属行业：高科技产业。

（2）性质：民营。

（3）规模：超大型企业（全球员工 16 万人）。

（4）地域：总部在广东省深圳市，在全国几个大区均设有分公司。

（二）文秘类岗位需求情况

全公司文秘岗位约 2000 人，分为秘书、资深文员、中级文员和初级文员四个层级。

（三）文秘类岗位工作任务

安排日程、信息管理、文件管理、人事费用计算、维护客户关系、维护内部关系、客户来访接待、组织气氛建设、重点业务跟踪、任务风险管理、业务项目参与、高效筹备会议、经验总结分享、推动管理改进。

（四）文秘类岗位需要的素质

外表：亲和力，仪态大方，仪表整洁。

性格：愿意服务，注意合作。

态度：主动学习，追求卓越，不嫌事小。

能力：细致认真，有耐心，条理性好。

意愿：对岗位感兴趣，三观符合。

（五）文秘类岗位需要的知识

商务礼仪、沟通技巧、基本写作、办公软件、英语、时间管理。

（六）文秘类岗位所需要的能力

各项行政流程，信息安全，职业规范。

会议纪要、英语运用、办公软件、打字、有效沟通、解决问题、任务跟踪、职场礼仪与接待。

(七) 其他方面

时间管理与授权，自我激励，项目管理。

二、珠海泰坦软件系统有限公司

(一) 企业基本情况

(1) 所属行业：高科技产业。

(2) 性质：民营。

(3) 规模：中型企业（员工1000人）。

(4) 地域：总部设在广东省珠海市，在全国多个中大城市都设有分公司。

(二) 文秘类岗位需求情况

每年需求文职类实习生、毕业生约200人以上，男女不限。

(三) 文秘类岗位工作任务

对政府档案局/馆等各级机关的纸质文件进行分类、裱糊、扫描、整理装订、文件目录核对/修正等。

(四) 文秘类岗位需要的素质

①会电脑操作（熟悉计算机基本操作及一般软件系统）。

②身心健康，无不良嗜好，无犯罪记录。

③能吃苦耐劳，服从工作安排，有责任心。

④积极进取，有团队精神。

(五) 文秘类岗位需要的知识

会电脑操作，懂计算机基本知识，常规办公设备的使用（此项可在工作中学习）。

(六) 文秘类岗位所需要的能力

会电脑操作，懂计算机基本知识，沟通、接受、理解能力良好。

(七) 其他方面

①身心健康，无不良嗜好，无犯罪记录。

②服从工作安排，积极进取，有责任心，有团队精神。

三、深圳国泰安教育技术股份有限公司

(一) 企业基本情况

(1) 所属行业：高科技产业。

(2) 性质：民营。

(3) 规模：大型企业（员工超过3000人）。

（4）地域：总部在广东省深圳市，在全国几个省均设有分公司。

（二）文秘类岗位需求情况

1. 前台接待。

2. 部门助理（含分公司）。

3. 总经理助理。

（三）文秘类岗位工作任务

1. 前台接待

（1）接待来访客户。

（2）公司来往快递/信件处理。

（3）客户来访电话处理（咨询，投诉）。

2. 部门助理

（1）协助部门经理制定工作，安排计划。

（2）部门报销，考勤，绩效统计。

（3）整理发言稿，准备会议室，对外接待等准备工作。

（四）文秘类岗位需要的素质

（1）认同企业文化，勤快，文笔好。

（2）具备职场礼仪，有亲和力。

（五）文秘类岗位需要的知识

（1）职场礼仪常识。

（2）办公工具使用常识。

（3）通知，会议，发言稿写作知识。

（4）基础财务知识，会务管理知识。

（六）文秘类岗位所需要的能力

（1）学习能力强，抗压能力强，沟通协调能力强。

（2）懂得职场礼仪，能完成各种接待任务。

（3）办公工具能力，懂得基本的操作维修。

（4）通知、会议、发言稿写作能力，基本功扎实。

（5）懂得财务基础知识，可与财务部门对接处理部门日常报销工作。

（6）会务管理知识，可对接公司各种会议。

（7）文件处理能力，可进行公司档案管理工作。

（七）其他方面

（1）茶艺，办公室环境管理（绿植，卫生）。

（2）活动组织能力（团建，拓展，旅游）。

四、广东世荣兆业股份有限公司

（一）企业基本情况

（1）所属行业：房地产开发。

（2）性质：民营，股份有限公司（深交所上市公司）。

（3）规模：中型企业（员工800人）。

（4）地域：广东省珠海市珠峰大道288号。

（二）文秘类岗位需求情况

每年需求为15人左右，具体人数安排及实习时间以各业务部门需求为准。

（三）文秘类岗位工作任务

岗位方向：行政助理、人事助理、招商助理、客服助理、策划助理及各部门文员岗。

岗位职责：负责协助各部门处理部门基础业务、内勤管理、文件收发及档案管理工作。

（四）文秘类岗位需要的素质

个性外向，情商高，上进，有责任心，具有一定的抗压能力。

（五）文秘类岗位需要的知识

公文写作、办公软件、商务礼仪及对口专业相关的知识及法规。

（六）文秘类岗位所需要的能力

沟通表达能力，公文写作能力，办公软件使用能力，做事细致周到。

（七）其他方面

形象气质佳，认同公司企业文化，有较好的领悟力、洞察力，具备团队合作精神，有志在珠海长期发展。

五、中创慧文（北京）科技有限公司

（一）企业基本情况

（1）所属行业：科技服务。

（2）性质：民营。

（3）规模：小型企业。

（4）地域：北京市。

（二）文秘类岗位需求情况

（1）6~8名文秘专业培训助理。

（2）1~2名文员。

（三）文秘类岗位工作任务

（1）培训助理：文秘人员的基础培训、礼仪训练，文秘专业课程辅导。

（2）文员：日常行政工作、接待、文档整理。

（四）文秘类岗位需要的素质

（1）培训助理：形象好，有责任心，工作踏实，敬业，具备良好的职场心态。

（2）文员：具备文秘人员的基础素养，工作认真细致，任劳任怨。

（五）文秘类岗位需要的知识

（1）培训助理：文秘专业各科知识，沟通口才出众，商务礼仪知识全面。

（2）文员：文档管理、会议组织、沟通、写作、商务礼仪。

（六）文秘类岗位所需要的能力

（1）培训助理：语言表达能力、客户沟通能力、技能展示能力、知识运用能力、策划和设计能力。

（2）文员：办公设备使用能力、常用办公软件运用能力、基本的沟通交流能力、接待能力。

（七）其他方面

认可公司文化，有较强的稳定性。

综合调研结果，我们得出如下结论：

（1）大型企业文秘岗位的层级划分明确，不同层级的文秘岗位工作内容区别较大，所承担的职责也完全不同。

（2）文秘岗位的精细化趋势明显，所调研企业的文秘岗位可细分为：档案数字化处理人员、文秘培训人员、房地产文秘等，而各部门的助理，也必须以熟悉本部门工作为前提。

（3）文秘岗位综合能力要求越来越高，企业的文秘必须一专多能，能够应对各种不同的客户和不同的商务场合。这就需要文秘人员提高自己的适应能力，丰富多方面的知识，包括社会常识。

## 附件 6　上海调查资料

一、企业基本情况

1. 上海育享信息科技有限公司

信息产业（软件开发），民营，小型企业（500 人以下），位于江浙沪地区。

2. 上海越田科技有限公司

信息产业（软件开发），外商投资，小型企业（500 人以下），总部位于上海，山东设有分公司。

3. 上海张铁军翡翠股份有限公司

玩具礼品（宝石玉石工艺品），民营，中型（500~2000人），总部上海，有华东、华北、华中、西北、西南分公司。

4. 上海珺才企业管理咨询有限公司

专业服务（专业咨询），民营，中型企业（500~2000人），位于上海市。

5. 滴滴出行

信息产业（互联网），民营，大型企业（2000~5000人），位于上海市。

二、岗位需求情况

大部分岗位依然偏向于传统型的文秘岗位，如商务助理、行政助理等，但在互联网产业发展的新形势下，企业开始寻求新媒体运营方面、招商方面的助理，线下柜台服务人员，或需要复合类文秘岗位和综合类管理岗位。

三、岗位工作任务

（1）策划并执行线上活动或策划线上线下联动的市场推广活动（要求对热点话题的敏感度）。

（2）根据公司需要创作优秀文案内容（如负责微信、微博的内容更新）。

（3）联系供应商采购、订货、签署合同、付款及送货。

（4）公司进出项合同及发票扫描、复印、存档、整理。

（5）项目实施跟进、记录、统计、邮件汇报。

（6）处理英语电子邮件。

（7）办公自动化软件应用，制作PPT。

（8）统计工作。

（9）线下增值服务，礼仪接待和服务工作。

（10）除了单纯的对现有文档的归纳整理，能够独立搜索相关法律法规，提出现有企业内文档的缺陷以及更新方案。

四、岗位所需要的素质

（1）政治素质：政治素质良好，在校无不良记录（有的公司要求党团员优先录用，有的公司对是不是党团员无所谓）。

（2）文化素质：学历最好是大专，如果是全日制大专，可直接由学校推荐实习，如非全日制，往往需要先看简历，再进行挑选。如果是中职生，需要非常优秀的学生，并要求这些学生进单位后要继续深造，提升学历。

（3）身心素质：能抓住社会热点；能与他人进行良好的沟通；谦虚，爱学习；能独立完成日常事务，有耐心、细致；有良好的心理抗压能力、团结协作和沟通能力；头脑灵活，有突发情况处理的能力；具有想象力及创新能力；情商高，待人处事能力强；适应能力强，愿意服从，具有一定的奉献精神。

五、岗位所需要的知识

（1）良好的文字功底，优秀的公文写作能力和处理能力。

（2）英语要会基本的听说读写，特别是在读写方面。

（3）熟练使用 Office 办公软件，要会进行文章排版、图文搭配。

（4）利用互联网查找信息并要学会筛选和分类已经收集到的信息。

（5）会运营微信公众号，能够与粉丝读者们顺利交流。

（6）统计学知识。

（7）要有思维能力，尤其是发散性思维。

六、岗位所需要的能力

（1）良好的文字功底。

（2）具有基本的平面设计、视频制作、编辑图片的能力。

（3）具有互联网有效利用能力。

（4）具有一定的新媒体营销能力。

（5）具备良好的沟通与协调能力。

（6）具备优秀的团队合作意识能力。

（7）英语听说读写能力。

（8）办公自动化软件运用能力。

（9）数据分析统计能力。

（10）做事的灵活应变能力。

七、其他方面

（1）待人接物方面的培养（如接待客人、说接听电话等方面）。

（2）建立自信。

（3）能适应出差和加班。

（4）能驾驶车辆，持 C1 驾照，有 1 年以上驾龄，驾驶技术熟练，无重大不良记录者优先考虑。

（5）多参加社团活动及校外实践活动，加强表达、交流、沟通能力，拥有正能量。

（6）在专业课程的学习基础之上，学习更多其他知识。

## 附件 7　温州中职文秘调查资料

一、调查企业

（1）温州长江汽车电子有限公司，员工 4000 多人，主营汽车配件制作。

（2）浙江伊利康生物技术有限公司，员工2000多人，主营医药试剂。

（3）温州勤奋集团，员工1000多人，主营建筑、高档汽车销售、空调、珠宝等。

（4）温州澳欧美贸易有限公司，员工500多人，主营眼镜制作、外贸。

（5）温州中川人工环境工程有限公司，员工200多人，主营中央空调安装与销售。

（6）好来居装饰有限公司，员工200多人，主营家庭住宅装修。

二、岗位需求情况

（1）企业策划。

（2）网站维护。

（3）文员。

（4）内勤。

（5）行政助理。

（6）接待。

2000人以上的单位：企业策划1~2人，网站维护1人；文员1人，内勤1人，行政助理1人，接待1人。

几百人的单位：企业策划（含网站维护）1人，文员1人，接待1人。

三、岗位工作任务

（1）人员接待。

（2）公司环境卫生维护。

（3）公司人员管理（考勤、考核）。

（4）办公用品管理（采购、领用、报销）。

（5）报销管理（水电费、快递费、车辆维修费、汽油费等）。

（6）维修管理（电脑、打印机、数码物品以及其他办公用品的维修等）。

（7）人员招聘初试。

（8）会议管理（会前准备、会中记录、会后整理，能使用、简单修理、调试新型会议设备）。

（9）公众号运营、新闻写作、摄影。

（10）App制作、宣传与推广。

（11）网站维护，内容更新。

（12）文件收发、拟写、制作，拟写规章制度。

（13）对外联络，如商会对接、企业联系、社区联络等。

（14）专题活动组织、管理与主持。

四、岗位所需要的素质、能力

（1）大专以上学历。

（2）计算机操作能力强。

（3）有一定的新闻写作、公文写作功底。

（4）企业管理知识。

（5）人力资源管理。

（6）沟通协调与交际能力。

（7）组织管理、主持能力。

（8）吃苦耐劳。

# 第二篇

# 职业教育文秘专业<br>教学资源库建设可行性分析

# 第五章
# 建设文秘专业教学资源库可行性问题

## 一、建设背景与必要性

### （一）建设背景

1. 政策依据

《国家中长期教育改革和发展规划纲要（2010—2020 年）》指出：职业教育要把提高质量作为重点。以服务为宗旨，以就业为导向，推进教育教学改革。实行工学结合、校企合作、顶岗实习的人才培养模式。增强职业教育吸引力，调动行业企业的积极性。创立高校与科研院所、行业、企业联合培养人才的新机制。

《高等职业教育创新发展行动计划（2015—2018 年）》指出：顺应“互联网+”的发展趋势，构建国家、省、学校三级数字教育资源共建共享体系。国家级资源主要面向专业布点多、学生数量大、行业企业需求迫切的专业领域；推进落实职业院校数字校园建设相关标准；加快职业教育管理信息化平台建设，消除信息孤岛；将信息技术应用能力作为教师评聘考核的重要依据。

《教育部办公厅关于做好职业教育专业教学资源库 2019 年度相关工作的通知》（教职成厅函〔2019〕11 号）指出：按照“国家急需、全国一流、面向专业”的要求，围绕国家和战略性新兴产业和支柱产业，服务产业高端和高端产业，聚焦技术技能人才紧缺的职业领域，建立健全一批优质资源库，提升教学信息化水平，带动教育理念、教学方法和学习方式变革，为在校学生、企业员工和社会学习者提供服务，增强职业教育社会服务能力，不断提高职业教育和培训质量，为经济社会高质量发展提供技术技能人才支撑。

《国家职业教育改革实施方案》指出：坚持以习近平新时代中国特色社会主义思想为指导，把职业教育摆在教育改革创新和经济社会发展中更加突出的位置。牢固树立新发展理念，服务建设现代化经济体系和实现更高质量更充分就业需要，对接科技发展趋势和市场需求，完善职业教育和培训体系，优化学校、专业布局，深化办学体制改革和育人机制改革，以促进就业和适应产业发展需求为导向，鼓励和支持社会各界特别是企业积极支持职业教育，着力培养高素质劳动者和技术技能人才。

2. 行业现状

（1）社会企业人才需求旺盛。目前，一方面，文秘人才社会需求旺盛，但供给量严重不足，导致严重的人才需求不平衡和不充分的矛盾。在每年发布的较为权威的麦可思人才培养调研报告中，文秘人才的需求量，一直位于所调研的职业，教育各专业的首位。另一方面，人才培养模式与社会发展需求存在极不适应的问题，主要表现在高技能人才缺乏、技能人才队伍结构有待优化、东西部人才发展不平衡、基层人才队伍薄弱、一线专业技术人才知识需要更新等方面。因此，加快发展文秘专业的现代职业教育迫在眉睫，而职业教育文秘专业教学资源库的建设，必将对产业“创新、转型、融合、发展”和解决人才供需矛盾、提高人才培养质量提供了最佳解决方案和强力支撑。

（2）服务能力水平持续提升。随着现代信息技术的发展，企业逐渐改进办公手段，引入各类现代办公软件，对信息进行收集、处理，实现信息一体化整合，形成单位内部的大数据应用。这对文秘专业的传统培养方式提出了新的要求。高职文秘的人才培养，核心能力培养聚焦于办文、办事、办会，秘书的写作能力、沟通能力和会议协调能力，成为培养的重点。但传统的培养，一般都基于传统办公室的应用，对于现代信息技术却非常隔膜。这导致文秘人才无法有效利用现代网络平台，合理安排办公，处理各类问题。在实际工作中，单位有时更倾向聘任具有一定信息技术特长的中文或新闻专业的毕业生，既能保证技术应用，也能保证一定的写作水平。

（3）岗位转型升级步伐加快。大数据时代，文秘的核心技能依然存在。新的技能应用形式如微信推文、新媒体写作等，对写作能力有着更加广泛的需求。文秘工作要求能应对日常烦琐事务，处理各种往来和接待，将单位内部的上下关系、单位之间的关系构成网络，成为大数据的一部分，这在未来也将会越来越重要。随着现代信息技术的发达，各种会议的内涵将越来越丰富，同样的一个现场会议，借助于各种视听媒体，以及网络宣发平台的运营，将会产生几何级数的效果。这对秘书工作能力提出更高挑战的同时，也带来重要机遇。

（二）建设必要性

1. 促进人才培养质量的提档升级

职业教育文秘专业在教育与体育大类中具有企业需求量大、岗位普适性高等优势。职业教育文秘专业教学资源库建设是对文秘人才培养质量提档升级的必要途径。启动职业教育文秘专业教学资源库建设，经过行业、院校、企业共同努力，通过网络信息技术，实现优质教学资源共享，为广大职业教育文秘专业的教师、学生、企业人员和社会学习者提供“能学、辅教”功能与自主学习服务，打造一个教师的专业提升平台、学生的技能学习平台、企业的人才智力平台、从业人员的能力晋级平台、公众的文秘工作普及平台、技术技巧交流平台，使职业教育文秘专业人才培养质量得到全方位提升，推动专业教学改革，提升专业人才培养质量，提高职业教育文秘专业人才的社会服务能力，为国家战略的实现提供智力人才支撑。

在2010年教育部先后颁布了《关于开展高等职业教育专业教学资源库2010年度项目申报工作的通知》（教高司函〔2010〕129号）启动了高职职业教育专业教学资源库建设，目前国家立项建设的专业教学资源库（高职）覆盖了农林牧渔、交通运输等19个高职专业大类，其中教育与体育大类中专业教学资源库较少，远远不能满足文秘人才培养和行业、企业人员继续教育的需求。

2. 推动信息化教学模式改革创新

职业教育文秘专业教学资源库是推动信息化教学模式创新改革的有效载体。教学信息化是指运用信息技术进行教学和教学资源开发，实现课堂教学的数字化、网络化、智能化和多媒体化，为学生建立开放、共享、交互、协作的学习环境。教学资源库将通过优质教学资源共建共享，推动职业教育专业教学改革，扩展教与学的手段、范围和形式，带动教育理念、教学方法和学习方式变革，即信息化教学模式创新改革。

以互联网为代表的信息技术的飞速发展，给传统课堂教学模式带来颠覆性革命。新的教学模式重新定义了课堂内外学习时间空间的概念，教育教学将不再被限制在固定场所，受教育者可以不再依托传统意义上的校园、不再通过面授的方式进行学习、获取知识。这种新的教育形式通过互联网实现学习活动的组织、学习支撑服务，最终完成知识传递。文秘专业教学资源库建设顺应“互联网+”发展趋势，充分利用互联网作为资源载体，利用交互媒介自主性和便捷性等特点，推进信息技术在文秘专业中的教育教学改革。

文秘专业教学资源库建设力争在微课、网络教学、翻转课堂，“MOOC（大型开放式网络课程）”“O2O（Offline to Offline）混合式教学”等方面做出有益探索和有效实践，充分体现互联网技术与教育的深度融合。

3. 满足优质教学资源的快速共享

职业教育文秘专业教学资源库能满足优质资源快速共享的迫切要求。目前，全国独立设置的高职院校 1000 多所，面向第一、二、三产业举办有 880 多种技术应用型专业，专业布点量达 42000 多个，但水平差异较大。2006 年至 2009 年，国家示范性高等职业院校建设计划立项建设院校为 100 所，2010 年国家骨干高等职业院校建设计划立项建设院校为 100 所，重点建设专业点 800 多个，涉及近百个专业。经过近几年的建设，示范性高职院校已经建设了一批面向特定企业岗位的高素质、技能型人才培养要求的个性化校本教学资源。但是，示范校的建设成果普适性不强，使得其他高职院校，特别是资源不足同类专业难以共享。

以最短的时间快速有效获得所需要的知识，是职业教育文秘专业教学资源库的巨大优势，可以为学校、企业的优质资源快速整合、共享和应用提供便捷的信息化平台。

因此，急需尽快建设共享型国家高等职业教育专业教学资源库，并在全国范围内推广真正做到优质教学资源跨学校、跨地区共享，在任意时间通过网络介质为教师教学、学生学习提供无界化服务，提高高职专业教学质量和优质资源的快速共享。

4. 助力多种用户多样化终身学习

职业教育文秘专业教学资源库能满足多用户、多样化和终身学习的需要。作为战略性新兴产业，新标准、新技术、新方法、新要求不断涌现更新，亟须一个综合性的信息化学习平台。

职业教育文秘专业教学资源库是一个在教育部职业院校教育类专业教学指导委员会的领导下，在现代职业教育研究院的指导下，由领衔起草全国高职文秘教学标准的浙江金融职业学院主导建成的具有先进性、实用性、普适性、开放性的大型学习平台，服务于行业企业需求，服务于院校网络课程建设。职业教育文秘专业教学资源库是现代在线教育教学资源建设的重要内容，可以用于教师、学生、企业人员、社会学习者等，满足多种用户多样化的学习需要，为崇尚劳动、敬业守信、精益求精、勇于创新的文秘人才的培养模式提供有力的技术技能支撑平台。

一方面，资源库的学习形式改变了学校的封闭结构，使企业人员和社会学习者能够便捷地接受学校教育，形成开放的弹性的教育模式，为终身学习提供了平台保障；另一方面，资源库自身的不断更新保证了知识的实用性、现实性和先进性，为终身学习提供了资源保障。

## 二、项目建设团队

（一）主持单位实力雄厚建设经验丰富

项目主持单位浙江金融职业学院始建于1975年，前身为直属于中国人民银行总行的国家级重点中专——浙江银行学校，2000年6月升格筹建高职学院，2002年1月正式建院，主要为经济金融行业培养高素质专门人才。2006年，学校被教育部、财政部确定为全国首批“国家示范性高等职业院校建设单位”，并于2009年以优异成绩圆满通过教育部、财政部验收。2017年被确定为浙江省重点建设高职院校。

学校现有在校学生12219名，教职员工600余人，正高职称53人，其中黄炎培职业教育优秀校长1名，黄炎培职业教育优秀教师2名，国家“万人计划”领军人才（教学名师）2人，浙江省首批“万人计划”领军人才（教学名师）2人，全国高校思想政治理论课年度影响力十大标兵人物1人，全国优秀教师1人，全国优秀教学团队1个；拥有浙江省杰出教师2人，浙江省中青年学科带头人2人，省“151人才”22人，省高职高专专业带头人18人、专业带头人培养对象12人，省级教学名师3人，省级教坛新秀3人；学校教师近年来主持国家社科基金项目5项，省部级科研项目百余项，在高等教育类14家核心期刊发表论文数连续11年保持全国高职院校第一，多篇研究成果被省委省政府主要领导批示肯定。

学校先后获得“全国职业教育先进集体”“全国金融职业教育先进集体”“全国毕业生就业典型经验高校”“浙江省劳动模范集体”“黄炎培职业教育优秀学校”“浙江省职业教育先进单位”等荣誉称号，被中共浙江省委、浙江省人民政府命名为省级文明单位；学校是中国高等职业技术教育研究会会长单位、全国财经类高职院校联席会主席单位、全国金融职业教育教学指导委员会副主任委员单位、全国高职素质教育工作委员会主任委员单位、全国财经商贸类高水平建设理事长单位、浙江省高职院校党建研究会会长单位、浙江省商务发展研究会会长单位。

学校下设11个二级学院（教学机构），开设25个专业，与中国计量大学联合培养金融工程专业四年制本科人才；其中金融管理、会计、国际贸易实务、保险、投资与理财、市场营销、商务英语为浙江省优势专业；计算机信息管理、国际金融、国际商务、农村金融、财务管理、文秘为浙江省特色专业；作为组长单位牵头主持金融专业国家教学资源库、国际贸易专业国家教学资源库、金融专业教学资源库升级改进支持项目，金融管理、财务管理、国际贸易实务、文秘、互联网金融5个专业的国家专业教学标准修订工作，作为副组长单位协助修订国际金融、保险、投资与理财3个专业，国家专业教学标准，市场营销、会计专业作为成员单位参与国家专业标准修订工作。学校拥有省级以上精品课程33门，其中国家级精品类课程46门，国家级精品资源共享课8门。学校建有8个校内国家级实验实训基地，60余个省级校内实验实训基地，200多个校外实习基地和100余个校外紧密型产学合作基地。学校捷克研究中心是教育部区域和国别研究中心、是浙江省“一带一路”智库合作联盟单位，与美国、澳大利亚院校联合举办国际金融、国际商务和会展策划与管理中外合作办学项目，项目在籍学生500余人。留学生规模不断扩大，共吸引来自韩国、尼泊尔、印度尼西亚、哈萨克斯坦、喀麦隆等数十个国家的留学生来校学习。

办学40余年来，浙江金融职业学院累计为浙江省乃至全国的金融机构输送了近6万名优秀的经济金融人才，约占全省金融从业人员的1/4，前期毕业生大多已走上领导岗位或成为业务骨干，有近百名校友成为省级分行及以上领导，其中各级各类行长、经理5000余人，学校被誉为浙江省金融界的“黄埔军校”“行长摇篮”。

（二）资源库团队强强联合优势明显

职业教育文秘专业教学资源库汇集了一流的师资力量，综合实力强，联建单位能够代表本专业领域全国一流水平，成立文秘专业资源库共建共享联盟，且分工明确、协作有序、执行力强，为打造一流资源库打下了深厚的基础。

1. 联建团队优势

（1）院校建设优势。资源库建设团队中有11所参建院校，其中国家示范性高职院校1所，国家优秀骨干高职院校3所，国家级重点院校1所，省级示范院校2所，省级重点院校1所，省级特色院校1所。具体见表5-1：

**表5-1　文秘专业教学资源库合作建设院校**

| 联合建设院校 | 所在地区 | 备注 |
| --- | --- | --- |
| 安徽商贸职业技术学院 | 安徽 | 国家骨干 |
| 河南经贸职业学院 | 河南 | 国家重点 |
| 广东科学技术职业学院 | 广东 | 国家骨干 |
| 嘉兴职业技术学院 | 浙江 | 省级示范 |

续表

| 联合建设院校 | 所在地区 | 备注 |
| --- | --- | --- |
| 荆州职业技术学院 | 湖北 | 省级特色 |
| 南宁职业技术学院 | 广西 | 国家示范 |
| 台州科技职业学院 | 浙江 | — |
| 铁岭师范高等专科学校 | 辽宁 | 省级示范 |
| 浙江建设职业技术学院 | 浙江 | 国家骨干 |
| 浙江经贸职业技术学院 | 浙江 | 省级重点 |
| 浙江育英职业技术学院 | 浙江 | — |

（2）合作企业优势。职业教育文秘专业教学资源库建设初步联合12家企业，同时每个企业均与共建院校有多年的合作经历，相互之间的了解和友谊非常深厚，为职业教育文秘专业教学资源库建设提供了校企合作的基础，必能将先进的经验、职业工作情境、企业文化等内容融入人才培养方案、课程体系和资源素材中，保证了职业教育文秘专业教学资源库为教学服务、为企业服务、为社会服务宗旨的实现。合作名单见表5-2：

**表5-2　文秘专业教学资源库合作建设单位**

| 序号 | 合作单位名称 |
| --- | --- |
| 1 | 河南缮文档案管理有限公司 |
| 2 | 浙江伍一技术股份有限公司嘉兴分公司 |
| 3 | 湖北生生人力资源股份有限公司 |
| 4 | 中创慧文（北京）科技有限公司 |
| 5 | 童蕴学堂—银州区文熙儿童娱乐园 |
| 6 | 杭州诚澄网络科技有限公司 |
| 7 | 杭州白杨街道闻潮社区 |
| 8 | 安徽迪科数金科技有限公司 |
| 9 | 浙江福林国润汽车零部件有限公司 |
| 10 | 杭州洞见品牌管理有限公司 |
| 11 | 杭州宝仑会议服务有限公司 |
| 12 | 杭州有知有趣教育科技有限公司 |

（3）行业资源统筹优势。教育部职业院校教育类专业教学指导委员会高度重视资源库申报和建设工作，在职业教育文秘专业教学资源库的建设和应用过程中，充分发挥教育类教指委的优势，统筹行业资源，促进校际合作，共建共享资源库；帮助学校与行业企业的合作，建立校企合作平台，促进校企深度融合，为专业建设、课程建设、人才培养、资源建设等开展广泛而深入地合作。主持院校具有主持国家教学资源库建设的经验，具有丰富的资源库指导、协调能力。

（4）技术支持优势。“职业教育数字化学习中心”（也称“智慧职教”网站）是由高等教育出版社建设和运营的职业教育数字教学资源共享平台和在线教学服务平台。该平台开放汇聚和运营省级、校级以及企业资源库的建设成果，为各级各方各类资源库的集成共享和推广应用提供支撑服务。高等教育出版社具有资源库建设最全面的经验，它的加盟可为资源库的建设提供最好的技术支持，从技术角度保证资源建设的质量。

2. 项目专业优势

自国家高职示范校建设以来，主持单位浙江金融职业学院和联合建设院校积极改革人才培养模式，探索和实践课程项目化教学、基于工作过程的综合实训项目教学，开展基于资源、积件的课程建设；在后来的示范性建设阶段，各院校特别重视专业内涵建设，积极探索利用现代信息技术和手段加强课程资源建设，取得了很多标志性的建设成果。

联合共建院校形成了符合各地方院校经济社会发展需求的专业办学特色，在专业建设、课程开发、社会服务等方面做了大量工作，取得了显著成绩，积累了丰富的数字化专业教学资源。据统计，联合建设院校主持或参与资源库建设项目 31 项、获省级以上教学成果奖 186 项、有省级以上精品课程 279 项、有省级以上教学团队 50 个。具体内容见表 5-3：

**表 5-3　文秘专业教学资源库联合申报院校成果**

| 院校 | 主持或参与国家资源库项目 | 国家级教学成果奖 | 省级教学成果奖 | 国家精品课程 | 省级精品课程 | 国家优秀教学团队 | 省级优秀教学团队 | 国家级教学名师 | 省级教学名师 |
|---|---|---|---|---|---|---|---|---|---|
| 广东科学技术职业学院 | 3 | 2 | 11 | 9 | 29 | 0 | 8 | 0 | 2 |

续表

| 院校 | 主持或参与国家资源库项目 | 国家级教学成果奖 | 省级教学成果奖 | 国家精品课程 | 省级精品课程 | 国家优秀教学团队 | 省级优秀教学团队 | 国家级教学名师 | 省级教学名师 |
|---|---|---|---|---|---|---|---|---|---|
| 嘉兴职业技术学院 | 6 | 0 | 1 | 0 | 5 | 0 | 0 | 1 | 1 |
| 荆州职业技术学院 | 2 | 0 | 3 | 1 | 8 | 0 | 2 | 0 | 1 |
| 南宁职业技术学院 | 3 | 3 | 22 | 9 | 25 | 1 | 7 | 1 | 3 |
| 浙江育英职业技术学院 | 1 | 0 | 0 | 0 | 10 | 0 | 0 | 0 | 0 |
| 安徽商贸职业技术学院 | 5 | 1 | 88 | 0 | 79 | 0 | 13 | 0 | 10 |
| 台州科技职业学院 | 0 | 0 | 2 | 0 | 0 | 1 | 0 | 0 | 0 |
| 浙江经贸职业技术学院 | 2 | 2 | 4 | 2 | 16 | 0 | 3 | 1 | 3 |
| 铁岭师范高等专科学校 | 0 | 0 | 13 | 3 | 4 | 0 | 3 | 0 | 5 |
| 浙江建设职业技术学院 | 4 | 1 | 6 | 3 | 23 | 0 | 2 | 0 | 5 |
| 河南经贸职业学院 | 0 | 0 | 12 | 1 | 11 | 1 | 5 | 0 | 2 |
| 合计 | 26 | 9 | 162 | 28 | 210 | 3 | 43 | 3 | 32 |

## 三、项目建设基础

### （一）专业培养标准的顶层设计

通过开展多次较全面的专业调研，了解文秘相关行业企业背景，了解国际国内对职业教育文秘专业人才的需求状况和人才培养要求，了解从业人员、社会学习者的学习要求。由企业生产管理一线技术、管理人员和专业教师组成项目建设团队，分析调研数据，确定专业人才培养、职工岗位培训、社会学习者科普需要，从而确定培养目标，进而确定人才培养模式，最终构建出专业结构化的课程体系。

1. 专业人才培养模式

在专业调研的基础上，明确职业教育文秘专业的专业定位和培养目标：培养理想信念坚定、德技并修、全面发展，具有一定的科学文化水平，良好的职业道德、工匠精神和创新精神，具有较强的就业能力、一定的创业能力和支撑终身发展能力的人才；能够掌握文秘专业知识和技术技能，面向基层党政机关、企事业单位、社会组织的文秘、行政办事员等职业；能够从事文员、文秘、行政助理等相关岗位工作的高素质技术技能人才。

（1）“一方向、四结合、双线培养”人才培养模式。目前联建高职院校都采用在校企合作指导下的德技并修、工学结合的人才培养模式，在整个人才培养过程中始终贯穿以“实践主导、工学交替”行动导向的职教理念。文秘专业以培养学生职业能力、职业素质、创新创业能力和可持续发展能力为基本点，以学校、企业、学生多方受益为立足点，创新“一方向、四结合、双线培养”的两轮顶岗工学结合人才培养模式。“一方向”即高素质的文秘技术技能；“四结合”即学校与企业相结合、线上教学与线下训练相结合、实训与生产相结合、实习与仿真模拟相结合；“双线培养”即专业技能和综合素质双线培养。此人才培养模式通过现代学徒制的培养流程得以体现。

通过强调培养人才的自主学习能力、实践动手能力、就业能力、工作转换能力和创业能力，使学生能够“自主择业、自主创业、自主式发展”，一生都具有不断接受新知识、掌握新技能的自主学习能力，资源库建设充分考虑到学生对顶岗实习和就业岗位的需求，教学资源库中的企业信息库能充分考虑该项功能。

（2）“岗·课·证”相融通的课程模式。按照职业人成长规律设置公共课、专业技能课程和拓展技能课程，教学资源库中主要考虑专业技能课程。教学资源库课程建设按照“岗·课·证”相融通的课程模式构建适合现代高职教育的课程体系，通过将工作领域转换成学习领域，学习领域分解成项目和任务，以学习型的项目和任务为载体，以项目导向、任务驱动组织教学，校企合作构建以技术应用能力培养为主线的、与工作过程相对接的项目化课程体系。

为了适应不同用户群的需要，将各类用户的执业资格证书要求融合在相应的课程中，在资源库建设中既要考虑各种证书对各类课程的要求，又要考虑各种文秘技能等级鉴定的要求。通过综合设计，实现各证书需求的交叉融合。

按照专业人才定位和“岗·课·证”相融通的课程模式，通过示范建设和调研，资源库主要建设7门专业课程。

（3）“教·学·练·做·创”一体化教学模式。根据教学过程与工作过程对接的项目化课程体系，在教学组织上包含两个教学系统，即基础课程教学系统和实践环节教学系统，通过“教·学·练·做·创”一体化实现两个系统的交叉融合。课程内容依据职业岗位对应的国家职业资格标准、行业标准、技术规范、岗位操作规程和专业技能标准进行选取，通过与项目化课程相适应的考核方式，实现学生技能达标。创新思维贯穿人才培养全过程：课程教学培养创新意识、技能训练培养创新能力。

“教·学·练·做·创”一体化是高技能人才培养的有效办法，教师利用优质、丰富的教学资源建设课程，通过课堂教学把知识和技能传授给学生，学生利用教学资源库资源自主学习，教师可以利用资源库中的职业标准、技术规范在实训场指导学生技能训练，学生也可以利用虚拟工厂、虚拟实验等完成练习，在知识和技能基本符合顶岗要求的前提下，通过资源库了解和联系企业，寻找顶岗实习单位到企业完成岗位工作。

（4）“知识+技能+态度”的“过程+结果”的考核模式。改革传统课程考核方式，突出学习过程考核和实践能力测试，学生利用资源库进行自主学习、自主测试。专业核心技能课程考核实施“项目考核+技能认证”的课程考核模式。项目考核注重过程考核和职业素养养成，从知识、技能和态度三方面考核。

利用教学资源库的大量优质资源，教师从中组合课程考试内容进行知识和技能考试，结合平时表现、技能鉴定和考试结果，对学生在该课程中的“过程+结果”的表现进行综合评价，给予成绩。结合各高职院校情况，利用资源库资源逐渐实现“无纸化”考试，提高考试效率和公平度。

2. 专业课程体系

依据职业核心能力、专业基本技能及创新创业能力、专业核心技能、专业拓展能力（职业发展潜力）的培养要求，根据文秘专业的工作领域和岗位技能要求，构建基于工作过程的“两个系统设计”的课程体系，两个系统互为依托、相互递进，交叉融合。“两个系统”即“系统的基础知识培养课程”和“系统的职业能力培养课程”。“系统的基础知识培养课程”包括公共基础课程、专业基础课程、专业核心课程和专业拓展课程。

公共基础课程主要体现高等职业院校学生必备的基础知识与素质要求；专业基础课程和专业核心课程主要体现本专业学生，在就业岗位上必备的专业应用能力和创新创业能力要求；专业拓展课程模块主要体现本专业学生在职业拓展方面的要求。在公共基础课程的基础上，特别增设了专业素质培养课。该课程教学内容包括秘书意识训练、工作过程中与人交流能力训练、工作态度和团队协作能力训练，将专业素质教育和创新创业教育及训练，贯穿于人才培养全过程。形成了以行业企业需求为导向，以教学与课程改革为基础，以本专业教学标准为指导，突出职业教育特色，融入创新创业教育，强化网络“教”与“学”特点的结构化的课程体系。

（二）教学数字平台的资源建设

2018 年，浙江金融职业学院牵头启动职业教育文秘专业教学资源库建设工作，随之与院校、协会和研究机构、企业共同成立了文秘专业教学资源库共建共享联盟，召开了成立大会，搭建了合作交流平台，促进了信息交流和沟通，制定了资源库申报和建设方案，统一了资源开发标准，为项目建设打下了良好的基础。

在所有参与单位共同的协作下，目前已经形成了较为完善的资源共建共享和知识产权保障机制、资源持续更新应用的动态监测机制和激励监督机制等，资源得到了深度利用，引领了人才培养模式、教学模式、课程体系、教学内容和教学方法等的改革，提高了教育教学质量，提升了资源库服务社会的能力。

1. 构建“专业教学+职业应用”的资源体系

按照“便捷、成效、促用”原则，遵循“一体化设计、结构化课程、颗粒化资源”逻辑，实施校企合作战略，构建“专业教学+职业应用”的资源体系。

专业对接岗位群，打造“专业教学”资源。依据专业设置与职业需求、课程内容与职业标准、教学过程与工作过程对接的要求，积极推进学历证书和职业技能等级评价“1+X”制度，做到岗课对接，学以致用。以培养学生文秘、文秘信息技术应用、文秘服务等能力为目标，打造专业教学资源。

文秘专业教学资源库紧紧围绕文秘职业发展，以文秘与涉外文秘为中心，围绕提升国家软实力的起点，构建“职业应用”资源。选取优秀文秘企业案例建设典型资源，提供职业技能等级评价、职业技能大赛、企业员工培训等社会服务，提高文秘职业人员技能与素质。

2. 完成了资源库平台框架体系的总体设计

2018 年至今，开发了面向教师、学生、企业员工及社会学习者四类用户的文秘专业教学资源库运行平台，架构了专业园地、课程中心、微课中心、素材中心、特色资源、技能训练、“1+X”证书 7 个版块的基本框架，具有良好的互动性和扩展性。经过一年的建设，7 个版块均已初具规模。

3. 建成了拥有 2006 个素材的“素材中心”

素材中心是一个边建设、边使用、边充实、边完善的素材仓库。单体结构完整的“颗粒化资源”是资源库建设的基础，库内资源要在保障科学性和有效性的前提下尽可能设计成较小的学习单元，便于检索、学习和组课。

根据文秘专业教学资源库建设要求，经过 2 年建设，已建成了拥有 2006 个素材的“素材中心”，其中非图文比例达 51%。

4. 开发了包含 6 门专业课程的“课程中心”

课程中心是面向教师用户定位“辅教”功能的中心模块，教师针对不同的学习对象和课程要求，利用素材库的素材资源灵活组织教学内容、辅助实施教学过程，实现教学目标。目前，已经基本完成了“办公自动化”“会务管理”“应用写作”“人际沟通”“演讲与口才”“中华优秀传统文化”6 门课程的资源建设。

5. 建成了拥有 24 门微课的“微课中心”

微课是微型课程的简称，是围绕某个知识点、技能点、某个教学环节的教学内容及实施的教学活动的总和。它包括按一定的教学目标组织起来的教学内容；按一定的教学策略设计的教学活动及其进程安排。微课作为学习者非正式学习的重要形式，学习者按照个性化学习、按需选择学习，既可查缺补漏又能强化巩固知识。

（三）组建一流团队，成立资源库共建共享联盟

在教育部职业院校教育类专业教学指导委员会的大力支持下，在现代职业教育研究院指导下，资源库参建院校和企业签订了《职业教育文秘专业教学资源库合作建设协议》《职业教育文秘专业教学资源库应用推广协议》。以这两个协议为基础，所有参建单位在自愿基础上组建了“全国职业教育文秘专业教学资源共建共享联盟”，明确了各参建单位在联盟中的权利和义务，为资源库的建设、应用和推广提供了制度基础。

（四）提供一流服务，边建边用推广应用广泛

浙江省教育厅、教育部职业院校教育类专业教学指导委员会、现代职业教育研究院对文秘专业教学资源库推广应用工作给予顶层指导。所有参建院校签订《职业教育文秘专业教学资源库应用推广协议》，由院校主要领导任推广应用工作组组长，每项推广内容有专人负责，责任到人，绩效考核，促进文秘专业教学资源库在各校推广应用，提高资源库使用效率和效果。目前，资源库已深入应用于教师授课、学生学习、企业培训与继续教育等方面。

1. 教师授课

教师率先使用。参建院校教师在备课、上课、作业布置、过程考核、日常课程辅导、期末复习指导、在线测试、课程考试、成绩登记、课程设计指导、毕业设计指导、顶岗实习指导、创新创业指导等每个教学环节中应用职业教育文秘专业教学资源库，将资源库作为教师之间教学研讨、师生之间教学答疑、互动交流的第一平台。同时，各院校每学期将统计使用次数、教学专业数、教学班级数、使用时长等指标，加强对教师使用的监督考核，并将考核结果与教师评优评先、职称评定挂钩，实行一票否决。目前，文秘专业教师使用本资源库进行专业教学的学时数占专业课总学时的比例达90%以上，相关专业教师使用本资源库进行专业教学的学时数占专业课总学时的比例达70%以上。

2. 学生学习

学生广泛使用。将文秘专业教学资源库的建设成果推广应用到相关专业，使学生在课堂学习、课下自学、资料信息收集、作业提交、问题讨论交流、期末复习、毕业答辩等学习环节中应用资源库。改革课程成绩评定方式，一是认可学生在线学习成绩，并进行积分奖励；二是将学生在资源库中的学习应用情况作为课程过程考核指标，班级学号实名登记，不按要求参加完成的过程分为0分，直接与教务管理系统成绩对接。目前，90%以上的职业教育文秘专业学生使用本资源库，70%以上的相关专业学生使用本资源库。

3. 企业培训

参建院校积极推广应用资源库建设成果，发挥技术优势，开展社会服务，为行业企业进行技术培训。

4. 继续教育

职业教育文秘专业教学资源库充分发挥服务学习型社会建设作用，通过各种渠道推广，引导社会学习者应用职业教育文秘专业教学资源库，加深对文秘专业和岗位的认识并开展自主学习。

5. 其他推广应用

多种形式推广资源库。发挥参建单位分布范围广泛的优势，利用各类职业技能大赛等活动，安排“职业教育文秘专业教学资源库建设与应用”的专题培训，及时推广和共享资源库建设成果，指导用户如何应用资源库开展教学活动。通过网上交流和现场讲解等形式为用户提供服务，同时广泛征求大众对资源库建设和应用的建议，促进资源库的改进和完善。

## 四、建设可行性分析

（一）现代职业教育研究院鼎力支持，确保项目可行性

职业教育是培养技术技能人才的主渠道，近年来，国家高度重视职业教育发展，现代职业教育研究院也把文秘专业职业教育发展纳入视野发展大局统筹考虑，积极发挥行业部门作用，不断深化职业教育教学改革，推动产教融合、校企合作，大力加强文秘应用型人才培养，取得了显著的成绩。

建设职业教育文秘专业教学资源库，是文秘专业职业教育发展的创新，有利于实现各职业院校和行业企业优质教学资源的共享，提升职业院校文秘类专业人才培养质量，统筹协调文秘专业职业教育区域发展平衡，并将在加强行业技术技能人才培训，提升文秘人才队伍素质方面发挥积极作用，现代职业教育研究院将为资源库建设项目提供必要的支持和帮助。

（二）教育部职业院校教育类专业教学指导委员会牵头建设，确保项目先进性

当前和今后一段时间，是社会转型升级和职业教育迅猛发展的关键时期。经济与企业改革发展任务艰巨而繁重，迫切需要大批文秘类人才作为支撑。为适应行业发展对文秘人才的需要，必须集中文秘类职业教育领域和各类行业企业的优质资源，形成教学资源库和良好的共建共享机制，实现国内高职院校文秘专业的共享，缩小文秘专业职业教育区域发展差距，推动全国高职院校文秘人才培养质量的提升。资源库项目的实施，有利于推动文秘专业设置与产业需求、课程内容与职业标准、教学过程与生产过程“三对接”，提升技术技能人才培养质量，同时可增强社会服务能力，为促进学习型社会建设和学习者自主学习提供条件和保障，为进一步提高我国文秘人才质量和行业发展水平做出更大贡献。因此，建设职业教育文秘专业教学资源库势在必行。

教育部职业院校教育类专业教学指导委员会高度重视职业教育文秘专业教学资源库申报和建设工作，将其作为推进教育部《国家职业教育改革实施方案》（职教 20 条）的重要抓手，并将在政策支持、技术指导、协调组织等方面对此项工作给予全力支持，确保职业教育文秘专业教学资源库建设工作的顺利开展和优质高效完成。

（三）省教育厅与学校提供资金和政策倾斜，确保项目实施性

浙江金融职业学院主持的“职业教育文秘专业教学资源库”已经取得一定的教学效果，同时为相关合作企业职工技术培训、技能认证等提供了优质

资源，取得了一定的良好的社会效益。因此，学校第一期拨款 100 万元，后续追加 200 万元，浙江省教育厅向教育部推荐该资源库项目为国家职业教育专业教学资源库备选项目，并承诺后续给予一定的财政拨款。

# 第六章

# 建设文秘专业教学资源库的目标与思路

## 一、建设目标

联合各高职院校和国内相关行业协会、企事业单位，通过系统设计建成国内一流的职业教育文秘专业教学资源库。通过校校联合、校企合作，进行专业定位，明确专业人才培养目标和培养规格，形成独具特色的人才培养方案和指导性专业规范。在此基础上，构建基于工作过程的课程体系，加强课程建设，形成涵盖教学设计、教学组织实施、考核与评价，满足现代职业教育、企业职工培训、社会学习者自主学习的网络化专业教学资源，搭建学校与学校之间、学校和企业之间沟通合作的平台。以各行业企业的人才需求为出发点，以先进的高职教学改革理念为指导，以满足教师、学生、企业和社会学习者等不同对象、不同阶段、不同场合的学习需求为导向，以优质教学资源、生产实践资源为基础，以现代信息技术和手段为保障，建成“资源优质丰富、更新持续有效、应用广泛活跃”的全国一流、特色鲜明的教学资源库。

满足全国各地不同院校用户需求，兼顾行业、企业需求，并支持终身教育，在更广阔的范围内带动职业教育文秘专业的人才培养模式改革、教学改革、课程建设和师资队伍建设，实现“人人皆学、时时能学、处处可学、样样有学”的终身教育目标。引入国内外行业、企业职业标准，服务地方经济社会发展，整体提升全国高职院校职业教育文秘专业的人才培养质量和社会服务能力。通过系统设计、先进技术支撑、开放式管理、网络运行、持续更新的方式，建设代表国家水平、具有高等职业教育特色的标志性教学资源库，并在全国高职院校中推广使用，实现资源共享。促进优质教学资源共享，推动职业教育专业教学改革，提升教学信息化水平，带动教育理念、教学方法和学习方式变革，提升专业总体建设水平，扩大辐射引领作用，培养一线优秀的技术技能人才，服务“一带一路”等。

## 二、建设思路

1. 整合多方成果，实现资源冗余具有普适性

本资源库的建设在教育部、浙江省教育厅的领导下；在教学指导委员会、资源库建设领导小组的指导下，依据校校联合、校企联合的原则，建立开放性建设机制；在充分调研的基础上，全方位吸纳社会优质资源，多方资源整合，兼顾东西南北的共同性和差异性，强强联合、优势互补，建成涵盖面全、资源丰富、信息手段先进，满足技能培养、社会培训、文秘实用知识和技术的普及、职业考试等多样化学习要求。教师能力提升、高职学生学习、从业人员拓展、科学知识普及、企业智力支持、技术交流与更新多重功能合一，建设“基础资源实现知识和技能全覆盖、拓展资源体现前沿技术成果、资源冗余丰富多样”，具有普适性、共享性的专业资源库。

2. 服务各类用户，助力终身学习具有便捷性

本资源库服务对象有高职院校的教师、学生、从业人员、社会学习者，根据不同用户的需求，遵循方便快捷的原则，以最大限度满足各用户学习和培训的需要，确定资源库的建设内容，构建资源库服务平台，增强应用便捷性，助力终身学习。

3. 基于企业需求构建“五对接”，素材库具有实用性

按照行业企业的实际用人需求、从业人员拓展需求，从企业选取典型工作案例，基于工作过程概化为学习和实训项目，建设专业与企业、职业岗位对接，专业课程内容与职业标准对接，教学过程与工作过程对接，学历证书与职业资格证书对接，职业教育与终身学习对接，“五对接”的资源库、素材库、标准库等，实现学习与工作零距离对接，探索实践线上线下混合教学、同步社会需求标准，具有实用性。

4. 依据行业发展动态，调整资源具有先进性

随着行业企业的快速发展以及与物联网、大数据的兴起，新技术、新要求不断涌现，为了保证专业资源库的适用性，在常态化、多形式的调研基础上，要能及时根据社会需求的变化与进展，实时调整教学内容、典型案例、规范标准、技术技能等，使教学资源库保持时效性、与技术技能的同步性，且具有动态性和先进性。

5. 构建校企合作平台，沟通企业与学生体现职业性

以校企深度合作为契机，搭建校企合作平台，校企资源共享，既能使企

业人力、技术等资源用于人才的培养和考核，又能使学校为企业提供技术支撑，还能架设企业和学生之间的沟通桥梁，随时更新就业、顶岗实习人才需求的信息。这样既能满足企业用人的需要，为企业提供智力和人力支撑，又能满足学生就业和顶岗的需要，体现职业性。

6. 搭建网络平台、方便在线交流具有互动性

资源库建设时除了考虑为不同用户提供丰富的资源，便于学习，还要考虑用户对多重资源的便捷查找使用、问题解答，设置网上交流平台，既为用户解惑，又进一步丰富资源库的资源，增加其实用性和互动性。

7. 建立常态更新机制，滚动完善资源具有持续性

资源库建设后期的资源更新是一项长期工作，要建立常态化的更新机制，根据职业教育文秘专业特点及资源库建设实际，持续完善文本、图片、视频、动画等资源。优先补充职业教育文秘专业师生、从业人员需求的核心资源，并逐步向相关专业技术领域扩展，确保每年新增和更新的资源比例不低于验收时资源总量的10%。同时，积极与“国家级职业教育专业教学资源库项目管理与监测平台”开展合作，实时采集资源库的运行日志，利用大数据手段对在线学习、论坛交流、考核测评、资源更新等行为数据进行抽取和分析。根据分析结果，发现问题，总结经验教训，及时对资源库进行完善和改进。

## 三、建设机制

为调动发挥各参与院校的积极性，增强子项目负责人的责任意识，兼顾国内各院校专业特点的不同，课程设置与教学内容的差异，协调各区域院校关系，解决“建用结合”的问题，资源库建设创新“学校主导、项目负责、行业协调、建用结合”的建设运行机制。

1. 学校主导

以学校为主导，能极大地调动院校参与职业教育文秘专业教学资源库建设的积极性，充分发挥不同地域学校在师资资源、合作企业资源、各种素材资源的独特优势。项目启动会、工作推进会、项目评审会均邀请项目参与学校教学副校长参会，使参建学校的主导作用更加凸显，避免了项目建设与推广使用的脱节，对建设成果的转换、教学改革的推动、资源的可持续更新起到了很好的促进作用。主持院校承诺在可能导致项目筹措资金增加的情形下，秉承“任务不减、预算总额不减”的原则，自筹资金补齐项目预算资金差额，按要求组织好项目预算执行，完成好既定的项目建设任务，实现好项目既定的绩效目标，为更多优质资源建设和资源的持续更新奠定坚实基础。

2. 项目负责

子项目负责人是参建学校建设任务的实际承担者，也是子项目建设任务的具体责任人。他们既是项目的建设者，又是子项目建设的管理者和职业教育文秘专业教学资源库的推广使用者。他们具体负责项目参建人员的协调、建设任务分工、建设资金管理、建设进度控制和建设质量监控。通过与项目总负责人签订任务书的形式，落实任务、明确责任；通过与子项目参建人员签订项目责任书的形式，履行子项目建设与管理的责任。

3. 行业协调

对不同管理体制、位居不同地域的众多院校参与项目建设的情况下，教育部职业院校教育类专业教学指导委员会的协调发挥了不可替代的作用：一是充分发挥了教指委对职业教育的指导作用。在建设任务申报、建设项目分工、建设任务落实、建设资金筹措、建设进度控制、建设成果评审、建设成果推广与使用的各个环节，都体现了教指委的作用。二是充分利用教指委主管的管理职能，搭建新的管理体制下校企合作的桥梁，拉近学校与企业之间的距离，极大地拓展校企合作的空间。三是充分调动院校参与职业教育文秘专业教学资源库建设的积极性。正是由于教指委的指导、牵头，才使各参建院校团结得如此紧密；正是由于教指委的协调，才使处于不同管理体制、位居不同地域的院校合作得如此顺畅；正是由于教指委的支持，才使更多优质的数字资源成为职业教育文秘专业教学资源库建设中的亮点。

4. 建用结合

资源库建设的生命力在于应用。从项目建设开始，我们就十分注重建设成果的推广与使用，坚持“边建边用、边建边改、以用促建、共建共享、开放建设、动态更新”的方式进行完善推广。资源库丰富的颗粒化资源，便捷灵活的自测与评价系统，富有个性化的精准特色推送，新颖的表现形式，吸引了众多师生的关注，极大地调动了师生的积极性，使得“学者易学、教者易用、见者易懂”达到了“学者愿学、教者想用、见者能懂”，提高了使用效率，提升了学习效果。

## 四、项目建设计划安排

### （一）建设步骤

1. 完善建设标准，制定指导性文件

职业教育文秘专业教学资源库涉及专业和课程的开发与建设、先进的网络信息技术应用等相关内容，为了高效集成与整合各种资源，方便用户使用，首先必须明确资源可建设内容，制定各资源库的建设标准，如专业建设标准、课程体系及课程开发标准、实训标准、素材采集与分类标准等，为教学资源开发提供依据。根据行业发展、岗位需求配置资源库内涵。

借鉴和吸收国际职教强国先进经验、工作过程系统化课程开发最新研究成果，以及兄弟学校建设经验，专业教学资源库建设通过以下步骤来实施完成：

第一步：通过调研，把握行业现状，追踪行业发展趋势。

第二步：明确岗位职责、工作任务和工作环境，明确专业人才培养目标。

第三步：根据就业岗位，综合考虑证书要求、从业人员培训需求，同时考虑学生可持续发展和其他社会学习者在岗培训等方面的要求，明确课程的知识、技能、态度目标。

第四步：按照技能人才认知规律，基于行动导向的课程体系构建原则建设课程，确定课程内容。

第五步：系统设计每一门课程教学方案，配套开发教学资源素材，并明确规定资源标准、数量和质量要求。在建设过程中实行“边建边用、边建边改、以用促建、共建共享、开放建设、动态更新”的方式进行完善推广。

第六步：按照课程建设需求和各用户学习、培训需求建设相应资源并推广应用。

2. 运用先进技术构建开放式资源平台

共享型专业教学资源库建设要依赖于技术平台，通过数字化技术和手段将各院校文秘专业优质教学资源、行业企业相关典型案例有序整合起来，实现资源共享。资源库平台对于运行服务而言，它一方面要维护好管理平台，以保证其准确、可靠、稳定地运行；另一方面，也需要依据用户的习惯与需求逐步修正技术平台的某些模块部件，实现资源最大化的利用与辐射。资源库建成后，将实现知识点的交叉访问、检索、在线学习、在线操作、在线测试等功能，满足同时在线访问用户达 10 万人的需求。

系统平台可以采用网络存储构架，利用服务器和磁盘阵列实现网络型分布式存储与管理，用磁盘阵列进行备份。高性能的中心资源服务器、存储磁盘阵列，以及各个合作院校专业资源服务器和存储磁盘阵列组成资源库。这样既可以保护各高职院校资源库的知识产权，同时又方便对授权用户提供资源服务，建设集教学资源集成与共享、教学资源个性化定制、教改成果推广与利用、人才信息采集与发布等功能为一体的，并能随着时代进步和技术演进而可持续发展的服务体系。

（二）建设方法

1. 组建团队，专项调研

在具体开展资源库建设的工作任务之前，组建专项调研团队，深入全国各地，走访行业协会、企业事业单位、各个院校以及在校生与毕业生，采取问卷调查、访谈、专家咨询等方式了解本专业的职业岗位需求、企业对学生的职业技术及技能的要求，从而明确职业教育文秘专业职业岗位群、专业建设领域，并依此来制定本专业人才培养目标及培养规格。

2. 协作开发，建设资源库

职业教育文秘专业教学资源库的建设在专业调研的基础上，由专家指导组草拟一份建设性指导意见，由浙江金融职业学院总体负责，制订详细的实施计划，各参与院校协助展开，进行任务分工，责任明确到位，各单位协作展开建设工作，并形成任务计划书。

3. 专家评审

邀请行业、企业、学校相关专家组建专家评审委员会，对本资源库进行评审，并依评审结果提出整改意见，进一步完善、充实资源库，只有在专家评审委员会评审一致通过之后，方可进行后续工作。

4. 用户试用评价

将建成的资源库于协作组内同类高职院校中进行试用。每所学校在试用若干月之后，形成自评报告，汇总于浙江金融职业学院，并以此进一步改进资源库建设，力求使职业教育文秘专业教学资源库达到特色鲜明、亮点突出，覆盖面广、适用性强的要求。

5. 紧跟行业动态持续更新

随着行业企业的急剧变革与发展，文秘专业教育教学方式的不断创新，资源库不断更新和完善，及时反映行业新技术、新知识。

# 第七章 建设文秘专业教学资源库的保障措施

为保证按时、高质量地完成职业教育文秘专业教学资源库的建设与推广工作，从组织、机制、制度和资金四个方面保障，将项目建成代表高水平的优质专业教学资源库。

## 一、组织保障

1. 聘请行业专家

资源库聘请了国家开放大学原副校长严冰教授为首席顾问，对资源库项目建设提供咨询和指导。

2. 建立组织机构

资源库建设团队形成了建设指导组、建设工作组、质量进度组和秘书处的组织结构，为资源库提供了很好的组织保障。

资源库聘请教育部职业院校教育类专业教学指导委员会副主任委员李忠担任资源库建设指导组组长，浙江金融职业学院纪委书记张江琳担任资源库主持人，一大批行业企业专家和职业教育顶尖专家等为项目建设指导组成员，负责资源库建设的宏观指导、统筹规划和统一协调工作，对资源库项目建设进行全面指导及质量监控，共同把握专业教学资源库建设方向。加强对各类教育资源内容的审核管理，从思想性、科学性、教育性、综合性、适用性和安全性等几个方面严格把关，不断提高资源质量，确保项目进度严格执行建设方案、资金的管理等，落实资源建设和推广应用工作。

由建设单位子项目负责人组成资源库建设工作组，将经验丰富的课程教师和行业企业一线技术人员具体负责，具体落实指导小组工作要求，落实项目规划、建设实施与制定管理文件，并协调各建设单位的工作，对资源库项目进行全方位技术支持。

由经验丰富的相关专业人员组成质量进度组，负责起草相关质量标准文件、项目进度检查、资源质量检查、资金使用情况、资源库网站建设，资源库建设季度简报等工作。

秘书处主要负责资源库建设过程中的协调联系、组织调研、业务往来、资源集成等工作。

3. 成立共建共享联盟

在教育部职业院校教育类专业教学指导委员会的指导下，所有参建单位在自愿基础上组建"全国职业教育文秘专业教学资源共建共享联盟"。以联盟单位推广为主体，不断扩大资源库的应用范围，促进现代信息技术与职业教育的深度有效融合，提升人才培养质量。

## 二、机制保障

对职业教育文秘专业教学资源库采用目标管理与绩效考核机制，并对项目实施过程监控进行动态管理，确保项目的顺利实施。

1. 实行资源库项目建设责任机制

建立项目负责人管理制度。通过项目招标的方式确定子项目主持单位，确定子项目负责人，并对子项目全权负责，并将工作落实到具体的工作人员，确保建设项目按计划、有步骤稳步推进。所有子项目负责人定期对建设进度、建设成果、经验与不足等方面进行监控管理，并定期向项目牵头单位和指导组汇报。

2. 建立资源库建设多元评价机制

建立使用者、第三方和项目组评价等多元评价体系，对资源库的建设质量、使用情况和运行平台进行定期评价，提出改进建议，促进支持系统技术水平的提高，确保资源库建设和使用的质量。同时，根据评价反馈，收集问题与建议，持续改进与更新，确保资源库的建设质量和时效性。

3. 建立资源库持续应用更新机制

为使资源库内容持续动态更新，利用效率不断提升，用户群体持续扩大，以资源库共建共享联盟为依托建立了以"促用"为核心的"边建边用、边建边改、以用促建、共建共享、开放建设、动态更新"的应用更新长效机制，多途径、多方法积极宣传推广应用资源库，保证验收后每年新增和更新的资源比例不低于验收时总量的10%，每年新增用户数量不低于验收时总量的10%，并保持用户活跃度。

在资源库应用中建立用户使用奖励和分级管理的机制，使在线时间长、使用资源多、参与互动勤、上传资源好的用户能够获得更多的使用权限或其他虚拟价值奖励，促进资源库的推广应用。在资源更新上，优先补充职业教育文秘专业师生、从业人员需求的核心资源，并逐步向相关专业技术领域扩展，提升用户体验。对资源质量高、浏览量大、用户评价好的资源提供者给予虚拟价值奖励。

## 三、制度保障

1. 建立资源库监督制度

制定资源库监督制度，子项目负责人定期对建设进度、建设成果、经验与不足等进行监控管理，对资源的提交、验收、上传、应用等各环节建立严格的质量监控，定期向主持学校汇报项目实施进度、建设质量和预算执行情况。支持学校对子项目监测结果进行全面的分析，及时纠正存在的问题，协调解决存在的困难，不断提升资源质量。

2. 建立资源库考核制度

对于文秘专业教学资源库，教师要率先应用，带动并鼓励学生广泛使用，促进参建行业企业积极采用。资源库应用的主体是学校，参建院校应把资源库建设和应用工作作为提升学校信息化教学水平的重要抓手，建立资源库建设和应用成效考核制度。对资源库建设和应用贡献大的教师给予相应物质奖励，并在职称评聘、考核评价等方面予以政策倾斜。

3. 建立知识产权保护制度

资源库属于职务作品，建设单位享有资源的著作权，并保证资源内容不能侵犯他人知识产权和其他合法权益，参与建设的个人对其原创的资源享有署名权。对于已入库的各类资源，由项目负责人保证其原创性和产权界定，确保其不会触犯他人的知识产权，避免产生知识产权纠纷。对于尚未提交或未完成的资源，加强其原创性审查和知识产权监控，保证其自主性和合法性。资源库验收后，升级改进产生的资源著作权由建设单位和个人协商确定。建设单位、参建人员、运行平台商定和签署知识产权保障协议。对于资源库的使用者，加强知识产权的保护提醒，通过使用设置权限的方式加强知识产权的保护。对发生知识产权纠纷的情况，运用法律手段进行调解或仲裁。

## 四、资金保障

1. 确保资金投入到位

本项目资金总预算 850 万元，其中申请教育部专项资金 500 万元、行业企业支持资金 50 万元、学校自筹资金 300 万元。主持院校承诺在可能导致项目筹措资金增加的情形下，秉承“任务不减、预算总额不减”的原则，自筹资金补齐项目预算资金差额，保证资金充足到位，按要求组织好项目预算执行，完成好既定的项目建设任务，实现好项目既定的绩效目标。

资源库建设完成后，结合资源库的可持续运行，建立资金滚动投入机制，每年自筹经费 50 万元保障资源库的持续更新。

2. 成立资金管理机构

为了做好资源库建设工作，加强专项资金管理的领导工作，成立资源库资金管理小组。资金管理小组组长由主持院校分管财务副校长担任，成员由财务、纪检监察和审计等相关人员组成。

资金管理小组职责：严格执行财政部门制定的专项资金管理规定，统筹安排使用由不同渠道下达或筹集的全部专项资金，要对各项目的实施、资金投向及年度资金统筹安排，调度使用，并对项目实行全过程管理，精打细算、厉行节约，不断提高专项资金的使用效益，确保预期建设目标的圆满完成。

3. 制定资金管理办法

依据《中华人民共和国预算法》《中华人民共和国采购法》《中央部门财政拨款结转和结余资金管理办法》《职业教育专业教学资源库专项资金管理办法》等国家有关法律法规和相关规定，制定《职业教育文秘专业教学资源库项目建设资金使用与管理细则》，加强规范管理，将项目经费纳入院校财务机构统一管理，对资源库建设经费实行专项管理，并设置单独账簿进行核算，确保专款专用，专账管理。

为加强资源库建设项目建设专项资金管理，在牵头单位设立专门的账户，并通过全体参与建设会员大会形式确立《职业教育文秘专业教学资源库资金管理和使用办法》，学校计划财务处为教学资源库建设项目建立专用资金使用通道，做到专款专用、账目清晰，确保专项资金使用的严肃性和合理性，使资金的使用发挥最大效益。同时，加强对项目各项建设开发所用资源的成本核算，把资源的使用效率作为考核各参与单位及负责人的重要指标。尤其是要加强对各建设项目的科学论证，严格项目的审批，做到“优效优投”“优项优投”。对使用率不高的项目，要追究项目负责人及有关领导的责任，以确保资源库建设项目资金的使用效益，确保项目保质保量，按期建成。

## 五、基本结论

职业教育文秘专业布点多、行业企业需求迫切，急需通过资源库建设实现优质教学资源共建共享，满足全国不同地区职业院校学生和社会学习者学习需要，持续推进专业教学改革，为国家、社会各行业企业转型升级，服务“一带一路”倡议实施培养更多高素质技能人才。

该项目建设得到了浙江省教育厅的大力支持，在教育部职业院校教育类专业教学指导委员会的指导下，聘请国家开放大学原副校长严冰教授担任资源库首席顾问，由国家首批示范校浙江金融职业学院牵头，联合国内11所高职院校、12家行业知名企业和2家行业协会，组建一流建设团队，成立全国职业教育文秘专业教学资源共建共享联盟，联建单位能够代表本专业领域全国一流水平，且分工明确、协作有序，执行力强，体现出专业团队结构合理、实力雄厚的特点，有效解决资源库建设过程中的组织协作问题，保障项目建设的可持续发展。

本专业教学资源库建设基础扎实、准备充分。通过建设与应用，搭建“一个平台”——资源库运行与管理平台；“四大中心”——专业中心、素材中心、学习中心、辅教中心；“六大模块”——1+X证书、文化软实力、文秘名人堂、文秘事务所、文秘训练营、虚拟仿真实验室，整合高职院校优质资源，引入行业企业协同资源，推动文秘专业与互联网的高度融合发展。建立健全“常态化管理+联盟式组织”的资源库应用与更新管理机制，保障资源丰富优良、更新持续有效、推广应用广泛，效果较好。项目建设单位得到省级教育行政部门和财政部门的大力支持，项目资金筹措能力强，经费保障有力；而且还设计了较为完善的绩效管理体系，规范资金使用与管理，提升资金使用效率，保障项目顺利运行。

综上所述，项目主持单位和共建单位基础条件好，开发设计思想合理，创新了整体结构和管理机制；项目方案设计合理，目标明确，建设内容能满足教师、学生、企业、社会学习者等各类用户的需求；经费预算合理，项目保障措施有力，机制健全。可以说，本项目建设团队具有综合办学水平、教育教学改革、专业建设、社会服务能力等方面的明显优势，在国家政策和资金的支持下，依靠现有的优质基础与条件，联合行业企业，项目建设团队一定能按期保质完成建设任务，实现文秘专业优质教学资源共享，为教师教学、学生和社会学习者自主学习提供服务；带动相关专业领域的教学资源开发，推动文秘专业教学改革，提高文秘专业人才培养质量，提升文秘专业的社会服务能力，构建文秘专业终身教育的平台。

# 第三篇

# 职业教育文秘专业教学资源库建设：方法与实践

# 第八章

# 文秘专业教学资源库建设总体方案

## 一、建设背景与意义

### （一）建设背景

1. 建设文秘专业教学资源库，是解决社会需求过旺问题、实现专业良性发展的需要

（1）社会需求旺盛。目前，文秘人才社会需求旺盛，但供给量严重不足，导致严重的人才不平衡和不充分的矛盾。在麦可思公司发布的人才需求报告中，文秘人才的需求量一直位于高职院校所有专业的首位。具体调查见图8-1：

2018届高职高专毕业生
社会需求量较大的职业（前20位）

| 职业名称 | 就业比例（%） |
| --- | --- |
| 文员 | 4.70 |
| 会计 | 4.20 |
| 护士 | 3.00 |
| 电子商务专员 | 2.50 |
| 出纳员 | 1.90 |
| 房地产经纪人 | 1.80 |
| 施工工程技术人员 | 1.80 |
| 平面设计人员 | 1.70 |
| 预算员 | 1.60 |
| 各类销售服务人员 | 1.60 |
| 客服专员 | 1.60 |
| 幼儿教师 | 1.60 |
| 小学教师 | 1.40 |
| 室内设计师 | 1.40 |
| 建筑技术人员 | 1.40 |
| 营业员 | 1.40 |
| 行政秘书和行政助理 | 1.30 |
| 测量技术人员 | 1.10 |
| 餐饮服务生 | 1.00 |

图8-1　高职高专专业社会需求调研

（2）文秘专业与司法秘书专业完全不同。作为教育文化体育大类的文秘专业，主要培养对象是党政机关、企事业单位的文秘岗位，其分布极为广泛。在对全国 342 家企业所做的全面岗位调查中，我们发现几乎所有企业都有文秘岗位需求。但司法秘书却属于法律类，就业的领域属于司法领域，其专业课程主要以法律类课程为主。厘清文秘专业概念，建设文秘专业教学资源库，可以实现文秘专业的良性发展。

2. 建设文秘专业教学资源库，是国家政企会“服务型”综合服务能力提升的需要

2019 年《政府工作报告》中指出，改革完善高职院校考试招生办法，当年大规模扩招 100 万人，这是国家大规模培养技术技能人才，实现传统企业从制造大国向制造强国转变的重要步骤。文秘专业在当下中国中小企业、社会机构、党政机关中广泛存在，由于他们在各单位处于中枢部门，地位未必很高，但作用极为关键，他们的职业素质是中国几乎所有单位综合素质的直观体现；提升文秘的素质，一定程度上是改善领导作风、提升单位行政能力的重要举措。它是国家、社会和企业共同构建的一台高度精密机器的润滑油，它的效率提升代表着整个机器效率的提升。

《国家中长期教育改革和发展规划纲要（2010—2020 年）》指出：职业教育要把高质量作为重点。以服务为宗旨，以就业为导向，推进教育教学改革。实行工学结合、校企合作、顶岗实习的人才培养模式。提高职业教育吸引力，调动职业企业的积极性。创立高校与科研院所、职业、企业联合培养人才的新机制。《高等职业教育创新发展行动计划（2015—2018 年）》指出：顺应“互联网+”的发展趋势，构建国家、省、学校三级数字教育资源共建共享体系。国家级资源主要面向专业布点多、学生数量大、职业企业需求迫切的专业领域。文秘专业是高职院校的传统专业，职业历史传统悠久，几乎与中华文明史相伴随，并在可见的未来依然发挥着不可替代的作用。文秘专业布点广泛，仅高职院校文秘专业 2018 年招生就达到 14827 人，同时中职、普通本科中，很多也设有文秘专业，设立文秘专业资源库，整合全国资源，将是实现文秘专业从传统向现代转型的重要一步。

3. 建设文秘教学资源库，是“互联网+”时代文秘专业人才培养的需要

文秘岗位在企业中有广泛需求，不管是中大型企业，还是小型企业，相应的文秘部门规模或大或小，都成为企业中不可忽视的核心部门。随着大数据时代的到来，传统的文秘岗位开始有了新的要求，而新型文秘类岗位也在不断涌现，这对于现有的文秘专业人才培养模式，提出了新的挑战和要求。

（1）信息化技术要求文秘的核心能力必须与“互联网+”紧密结合。随着现代信息技术的发展，企业纷纷改进办公手段，引入各类现代办公软件，实现信息一体化处理，并对信息进行收集、处理，形成单位内部的大数据应用。这对于文秘专业的传统培养方式提出了新的要求。

高职文秘的人才培养，核心能力聚焦于办文、办事、办会，文秘的写作能力、沟通能力和会议协调能力，是培养的重点。但传统的培养方式，一般都基于传统办公室的应用，对于现代信息技术却非常隔膜。这导致文秘人才无法有效地利用现代网络平台，合理安排办公，处理各类问题，在实际工作中，单位有时更倾向于聘任具有一定信息技术特长的中文或新闻专业的毕业生，既能保证技术应用，也能保证一定的写作水平。

（2）文秘新岗位要求文秘扩展各类新能力。大数据时代，信息被所有的单位摆在了前所未有的重要位置上，这导致文秘工作出现了很大的分化。传统的办文、办会等工作依然存在，但已经弱化，而相关的信息类工作成为文秘工作的重点。

在文秘专业全国调研中，我们发现文秘岗位出现了诸多变化，如信息员一职，侧重于收集各类信息，出现了诸如楼盘信息员、售后信息员等职位。另外，办公室文秘的文书工作，不仅是传统的事务处理，而更多随着形势的变化，要求去从事新媒体编辑，新媒体活动策划与执行，结合社会热点撰写软文，自媒体营销，产品的文案编写，企业文化传播，公司网站、公众号、App 的文章编写、推送等工作。这些新能力和新岗位，要求文秘人才的培养必须在相应的核心能力上实现更新。

### （二）建设意义

#### 1. 文秘专业教学资源库建设是国家文化软实力提升教育的组成部分

文秘职业涉及中国党政机关、中小企业、社会团体等领域，其文化职业素质水平是整个文化软实力的重要组成部分。

文秘专业教学资源库的建设，是全面普及以文化为根基的文秘专业和提升文化素质的手段。讲政治、重大局、强思想是文秘专业的显著特点。在素质培养、能力培养和课程体系构建上，文秘专业都始终牢牢地将政治性摆在第一位，突出政治对文秘人才培养的引领作用，强调全课程贯穿政治教育。以文秘职业素养、职业能力为核心，以文秘典型工作岗位、典型工作任务为依归，构建涵盖文秘素养、知识、能力的课程体系，并包含文秘实践教学环节，突出文秘实践教学的价值，突出文秘专业实训室的作用，全面贯彻文秘学生的职业化培养方向。

文秘专业国家资源库的建设，也是所有高职院校学生文化软实力教育的组成部分。文秘专业除了职业教育之外，还有很大的一部分，是对高职院校的文化教育。因此，像“大学语文”“中华优秀传统文化”“实用现代汉语”等课程，不仅是文秘学生学习的内容，也是所有高职院校学生甚至是社会上广大学习者接触、学习中国文化的有效载体。

2. 文秘专业教学资源库建设是服务“一带一路”的有力抓手

文以化人，文秘专业教学资源库的一个重要意义就是为国家经济大战略服务，做好服务“一带一路”的工作。高职文秘的核心能力有三个方面：一是办文，二是办会，三是办事。而在“一带一路”的国际合作中，文秘的这三大核心能力都将发挥出很重要的作用。

“一带一路”建设中，需要中国企业走出去，加强各类合作。这其中，文秘的工作尤其不可缺乏，培养有国际视野的涉外文秘，将企业与沿线工作的日常事务性工作的效率提升上去，是完善“一带一路”合作成果的有效保证。

高职院校的文秘比起本科院校有很大优势。以职业为抓手，以服务为中心，以技能为手段，高职文秘的学生是活跃在中小企业办公室、后勤、人力资源等领域的主力军。文秘工作能力强，是企业顺利实现各方面合作的重要因素。

但目前文秘的传统专业建设中，“一带一路”没有被很多高校关注，因此资源库中专设版块，将“一带一路”建设的展示、方法和成果作为其中组成部分，将服务“一带一路”作为本资源库的一个推广中心，从而通过建设，有效实现资源库为国家战略服务的目标。

3. 文秘专业资源库建设是提升专业人才培养质量的必要途径

文秘专业在全国高职院校大范围内开设。但是由于区域发展水平、培养定位和实践条件的不同，各职业院校的专业侧重点差异较大，再加上信息化时代文秘职业发展迅速，现有教学资源比较匮乏，专业建设难度大，人才培养规格和层次较低，人才培养定位不清晰，急需专业教学标准和大量优质教学资源，以确保人才培养质量。为此建设一个供各方共同使用和发展的在线学习和交流数字化平台非常有必要，文秘专业教学资源库建设正是实现全国该专业资源整合的最好契机。

通过校校、校企强强联合，打破区域和职业界限，实现资源互补、资源整合、资源共享，共同制定人才培养方案、开发精品课程资源和教材、共建实训基地、培养双师型教师队伍、建立学分互认机制、共建共享联盟等，促进不同地区和类型的中高职院校专业人才培养水平均衡发展，从而有效提升专业建设水平，为我国文秘职业培养更多技术技能人才。

4. 文秘专业资源库建设是推动信息化教学改革的有效载体

以互联网为代表的信息技术的飞速发展，为传统课堂教学模式带来颠覆性革命。新的教学模式重新定义了课堂内外学习时间的概念，教育教学将不再被限制在固定场所，受教育者可以不再依托传统意义上的校园，不再通过面授的方式进行学习、获取知识。这种新的教育形式通过互联网实现学习活动组织、学习支撑服务，最终完成知识传递。文秘专业教学资源库建设顺应“互联网+”发展趋势，充分利用互联网作为资源载体和交互媒介的自主性和便捷性等特点，推进信息技术在文秘专业中的教育教学改革。

文秘专业教学资源库建设力争在微课、网络教学、翻转课堂、“MOOC（大型开放式网络课程）”“O2O 混合式教学”等方面作出有益探索和有效实践，充分实现互联网技术与教育的深度融合。

5. 文秘专业资源库建设是提升高职院校社会服务能力的具体要求

教育部《关于做好职业教育专业教学资源库 2019 年度相关工作的通知》（教职成厅函〔2019〕11 号）指出：专业教学资源库的建设要为社会学习者提供服务，增强职业教育社会服务能力，不断提高职业教育和培训质量，为经济社会高质量发展提供技术技能人才支撑。

当前我国文秘职业的从业人员众多，不可否认，文秘职业的从业人员存在职业素养不高、职业归属感较差等问题，这对文秘业的转型升级、技术创新、服务水平创新等都是重要的制约因素。我国文秘职业企业急需专业教学资源库这样“便捷、成效、促用”的数字化专业教学平台来提升从业人员的职业素质和业务水平。文秘资源库将为企业文秘职工提供急需规范化的培训资源和多样化的继续教育，为社会成员提供终身学习平台，为中职毕业生在岗接受高等学历教育创造条件。资源库的社会服务功能是职业教育社会服务功能的具体体现，是增强服务国家区域发展战略的具体要求。

综上所述：建设代表国家水平、具有高等职业教育特色的文秘专业国家级教学资源库很有必要。该专业教学资源库为服务科教兴国战略和人才强国战略、服务文秘职业、服务高等职业教育技术技能人才培养、服务相关在岗职工继续教育和社会人员多样化学习，提供一个有效载体和宽广平台。

## 二、项目建设基础

### （一）项目建设优势

1. 国家首批示范性职业院校、浙江省“十二五”“十三五”特色专业领衔主持

（1）主持院校：国家首批示范性职业院校。浙江金融职业学院始建于

1975 年，2017 年被确定为浙江省重点建设高职院校。

（2）专业介绍：浙江省连续多届特色专业。浙江金融职业学院文秘专业成立于 2001 年，是“十二五”浙江省高职高专院校特色专业建设项目，2017 年获批浙江省“十三五”高职高专特色专业，隶属人文艺术学院。师资方面：教研室现有专任教师 8 名，其中教授 1 名，副教授 4 名，讲师 2 名。专任教师队伍中，博士 2 名，硕士 6 名，专业教师双师率达到 100%。教研方面：文秘专业建有浙江省财政重点支持实验室建设实验室。现主持浙江省精品在线开放课程 2 门，教育部文秘教指委精品课程 1 门。科研方面：近三年，教研室教师获得教育部人文社会科学研究规划基金项目 1 项，省哲社、杭州市哲社、省社科联、省教育厅等项目 8 项，公开发表论文 40 余篇，出版专著 2 部，教材 5 种，部分成果被《新华文摘》转载。人才培养方面：文秘学生职业资格证书获取率达到 100%，高级证书获取率达到 54%，五届文秘学生因获得秘书高级职业资格证书而获得政府奖励共 25.6 万元。学生初次就业率、签约率均达到 100%。

2. 包含多所国家示范、省级示范院校的联合申报院校团队

文秘专业教学资源库联合申报院校见表 8-1：

**表 8-1　文秘专业教学资源库联合申报院校**

| 序号 | 合作单位名称 | 负责人 | 备注 |
|---|---|---|---|
| 1 | 浙江金融职业学院 | 赵志强 | 国家示范 |
| 2 | 安徽商贸职业技术学院 | 李忠 | 国家骨干 |
| 3 | 河南经贸职业学院 | 杜晓萍 | 国家重点 |
| 4 | 广东科学技术职业学院 | 李双芹 | 国家骨干 |
| 5 | 嘉兴职业技术学院 | 袁姝 | 省级示范 |
| 6 | 荆州职业技术学院 | 肖云林 | 省级特色 |
| 7 | 台州科技职业学院 | 赵雪莲 | |
| 8 | 铁岭师范高等专科学校 | 魏秀萍 | 省级示范 |
| 9 | 浙江建设职业技术学院 | 沈逵 | 国家骨干 |
| 10 | 浙江经贸职业技术学院 | 王晓彬 | 省级重点 |
| 11 | 浙江育英职业技术学院 | 王亦飞 | |

联合申报院校形成了各自符合地方经济社会发展需求的专业办学特色，在专业建设、课程开发、社会服务等方面做了大量工作，取得了显著成绩，积累了丰富的数字化专业教学资源。据统计，联合建设院校主持或参与国家资源库建设项目 28 项、获省级以上教学成果奖 152 项、有省级以上精品课程 218 项、省级以上优秀教学团队 39 个。具体内容见表 8-2：

**表 8-2　文秘专业教学资源库联合申报院校成果**

| 院校 | 主持或参与国家资源库项目 | 国家级教学成果奖 | 省级教学成果奖 | 国家精品课程 | 省级精品课程 | 国家优秀教学团队 | 省级优秀教学团队 | 国家级教学名师 | 省级教学名师 |
|---|---|---|---|---|---|---|---|---|---|
| 浙江金融职业学院 | 5 | 3 | 12 | 8 | 33 | 1 | 3 | 1 | 5 |
| 河南经贸职业学院 | 0 | 0 | 12 | 1 | 11 | 1 | 5 | 0 | 2 |
| 广东科学技术职业学院 | 3 | 2 | 11 | 9 | 29 | 0 | 8 | 0 | 2 |
| 嘉兴职业技术学院 | 6 | 0 | 1 | 0 | 5 | 0 | 0 | 1 | 1 |
| 荆州职业技术学院 | 2 | 0 | 3 | 1 | 8 | 0 | 2 | 0 | 1 |
| 浙江育英职业技术学院 | 1 | 0 | 0 | 0 | 10 | 0 | 0 | 0 | 0 |
| 安徽商贸职业技术学院 | 5 | 1 | 88 | 0 | 79 | 0 | 13 | 0 | 10 |
| 台州科技职业学院 | 0 | 0 | 2 | 0 | 0 | 1 | 0 | 0 | 0 |
| 浙江经贸职业技术学院 | 2 | 2 | 4 | 2 | 16 | 0 | 3 | 1 | 3 |
| 铁岭师范高等专科学校 | 0 | 0 | 13 | 3 | 4 | 0 | 3 | 0 | 5 |
| 浙江建设职业技术学院 | 4 | 1 | 6 | 3 | 23 | 0 | 2 | 0 | 5 |
| 合计 | 28 | 9 | 152 | 27 | 218 | 3 | 39 | 3 | 34 |

3. 有社会影响力的协会、机构及遍布全国的合作企业共同完成资源库建设

（1）北京市速记协会。北京市速记协会成立于 1981 年 8 月 22 日，是全国第一个成立的速记学术团体。

协会目前工作主要集中在以下几个方面：一是开展学术理论与应用的研究与交流，促进速记职业化、产业化；二是发展同国内速记团体、速记企业和速记工作者、研究者、爱好者的交流与联系；三是编辑、出版、制作有关速记事业的资料、简报和网站，普及速记知识和技能，宣传、推广科研成果；四是开展速记及有关学科的教学和科研工作，为国家培训人才；五是向国内有关部门建议，推荐优秀科研成果和人才。

在资源库建设中，速记协会将与资源库共同完成以下工作：

第一，院校行业协同开发具有较广泛权威性的速录师等级证书。预计开发三个等级证书，分别为：初级速录师、中级速录师和高级速录师。速录作为文秘专业的特色技能，广受用人单位和文秘专业同学重视。资源库的建立中，专门设置“1+X”证书模块，通过开发网络平台，完成以下功能：首先是信息查询、收集，对学生与社会考证者的不同种类数据进行搜集并为平台所用，对海量数据的处理通过 Web 终端的数据云处理来实现。通过搜索关键字、引擎的搜索以及网络连接的点击等手段，更快捷地收集考证者所需要的信息。另外，还可以通过网络调查问卷的方式了解客户对企业产品的客观反映。其次是考证全流程服务，通过调研创建各类功能，考证者可通过 Web 服务器及手机终端来了解平台的各项功能，其中包括私人定制、答疑解惑、搜索引擎、模拟考场、资源共享及回收利用等各项功能。最后是客服在线服务，考证用户在平台或网站发布有偿或无偿问题，并根据以往客户对答疑人员的评价进行选择，选择完成后双方进入聊天室进行互动交流，客户可对解答者进行评分以及评价，也可以进行打赏，平台提供线上服务。

第二，共同完成速录大赛的相关培训工作。开设专门项目速录大赛培训营，完成相关内容。速录大赛一般包括文字校对与文本速录、实时记录与文书整理、蒙目速录、模拟办公管理、办公室实务操作。这些赛项综合考查文秘岗位的速录技能、文字处理、办公自动化设备使用、礼仪素养、日常文档收纳能力及办事、办文、办会三大模块等能力。资源库通过开发速录大师训练营、速录短期培训、速录技能一键通等多个栏目，满足学生多种训练需要，为赛事做好服务，以赛促学。

（2）现代职业教育研究院。现代职业教育研究院（简称研究院）于 2015 年 1 月 21 日经由民政部正式下文批复成立，业务主管部门是中华人民共和国民政部。研究院是从事新时代中国特色社会主义阶段现代职业教育理论和实践研究的全国性的智库型社会组织。研究院的发起成员均来自国内外在职业教育领域有着深厚造诣的知名专家学者、企业家和热心支持职业教育研究的社会各界人士。

研究院的办院宗旨是：在习近平新时代中国特色社会主义思想的指导下，弘扬大国工匠精神，坚持产业职业、创业就业、学业事业一体化理念，以参与构建新时代中国现代职业教育体系和终身职业技能培训体系为方向，以职业教育助推经济社会发展为主题，以培养高素质劳动者和技术技能人才为中心，以产教结合、校企研合作为纽带，以培养、培训、培育为着力点，以构建事业、学业、创业、就业、产业为一体的职业教育“新业态”为落脚点，集国内外有精深理论研究与有实力的专家和企业力量，深入研究具有中国特色职业教育“新业态”理论和实践问题，研究“新业态”助力中国经济社会发展转型、升级途径、作用及其试点效应，努力为中国现代职业教育的发展探索新路径。

现代教育研究院在资源库中主要完成下面几个工作：

第一，共同开发秘书能力等级证书，与前文所述速录师证书的开发内容相同。在国家取消了由人力资源和社会保障部统一组织考试的秘书等级证书和教育部主办的商务秘书证书之后，这一工作就陷入停滞。根据国家的政策，职业等级证书由校企研发更为合理，在资源库中专设“1+X”的证书模块中，专门开发秘书能力等级证书，主要与网络平台建设与速录证书相似，提升学生的综合素质和能力。

第二，共同完成资源库信息的完善工作。利用现代研究院的研究优势，提升资源库的理论水平，在政策、信息、顶层框架、执行方案等方面实现双方的深度合作。

（3）合作企业。合作企业来自全国，都具有一定的实力，他们在资源库建设方面与学校的深度合作，为资源库建设提供了来自职业一线的丰富的资料与各种资源。具体合作企业见表8-3：

**表8-3　文秘专业教学资源库合作建设单位**

| 序号 | 合作单位名称 |
|---|---|
| 1 | 河南缮文档案管理有限公司 |
| 2 | 浙江伍一技术股份有限公司嘉兴分公司 |
| 3 | 湖北生生人力资源股份有限公司 |
| 4 | 中创慧文（北京）科技有限公司 |

续表

| 序号 | 合作单位名称 |
|---|---|
| 5 | 童蕴学堂——银州区文熙儿童娱乐园 |
| 6 | 杭州诚澄网络科技有限公司 |
| 7 | 杭州白杨街道闻潮社区 |
| 8 | 安徽迪科数金科技有限公司 |
| 9 | 浙江福林国润汽车零部件有限公司 |
| 10 | 杭州洞见品牌管理有限公司 |
| 11 | 杭州宝仑会议服务有限公司 |
| 12 | 杭州有知有趣教育科技有限公司 |
| 13 | 北京中鸿网略信息技术有限公司 |

目前合作的企业都为中大型企业，员工众多，这些企业都与文秘工作有着深厚的联系。有直接提供文秘工作服务的企业，如杭州宝仑会务服务有限公司；有对文秘技能进行全方位深度利用的公司，如河南缮文档案管理有限公司等，其他的公司也对文秘工作有着丰富深入的联系。另外，在资源库的应用过程中，还有来自全国各地的公司不断加入。总体而言，所有的公司将在与资源库的建设中，完成以下主要工作：

第一，提供企业一线案例和应用技能要求。为了让资源库的资源与企业需要紧紧结合，其中课程建设和模块建设中，都大量引入企业或企业专家直接参与，从课程内容的组织，到文秘专业技能的培养，提供专门的案例和应用技能要求，从而保证资源库的实践性。

第二，企业直接提供文本与视频资源。企业日常的办文、办会产生的大量资源构成了文秘资源库学习和借鉴的内容。从而将资源库的应用与企业日常的应用结合起来。

第三，企业自身通过资源库的学习来培训员工。企业作为社会学习者，将资源库与员工培训起来，可以直接起到技能训练的作用。

第四，企业在证书开发、专业标准和课程标准的开发等方面上与院校紧密合作。前期，由我校牵头研制开发的文秘国家教学标准，参与的企业有三百多家，后期资源库建设，每门课程、各类资源的开发，都将有企业广泛深入的参与。

第五，提供文秘国家资源库视频资源的拍摄场地。在典型工作任务与典型工作岗位技能等方面，在企业实地拍摄是非常重要的。目前，资源库中的部分资源是在企业一线完成的，在边建边用的过程中，后期还会有大量的碎片化资源，将在企业拍摄完成。

4. 团队汇聚“政校企协”业内权威、专业人士群英荟萃

项目指导团队集聚文秘职业专家、职业教育专家，确保项目建设方案和实施的科学性、系统性和前瞻性。首席顾问由原国家开放大学副校长严冰担任，安徽商贸职业技术学院李忠院长、中文速记协会王芳秘书长等组成项目指导团队。团队结构科学、数量适当，这些职业专家、教育专家的积极参与将确保资源库建设方向明确、思路清晰、内容科学合理、推广和应用顺畅。

（二）项目建设基础

2018 年，浙江金融职业学院牵头启动职业教育文秘专业教学资源库建设工作，随之与会院校、协会与研究机构、企业共同成立了文秘专业教学资源库共建共享联盟，召开了成立大会，搭建了合作交流平台，促进了信息交流和沟通，制定了资源库申报和建设方案，统一了资源开发标准，为项目建设打下了良好的基础。

在所有参与单位共同的协作下，目前已经形成了较为完善的资源共建共享和知识产权保障机制、资源持续更新应用的动态监测机制和激励监督机制等，资源得到了深度利用，引领了人才培养模式、教学模式、课程体系、教学内容和教学方法等的改革，提高了教育教学质量，提升了资源库服务社会的能力。

1. 资源实现了教学与应用的充分融合

资源需要适应教学的需要。在与线下内容做好统筹管理的基础上，让线上内容发挥出自身特色。比如纯理论部分的内容、需要反复展示的工作细节等部分，都放到线上；需要现场实践、当场指导的内容，放到线下，让资源库的教学内容成为教学过程的重要基础与前提。

资源必须与应用相结合。能得到充分应用的前提是资源的有效性，因此，需要认真考察课程内容与职业标准、教学过程与工作过程，同时将学历证书与职业技能评价相结合，实现资源既可以利用，也可以在形式上实现有效体现。

2. 完成了资源库平台框架体系的顶层设计

2018 年至今，开发了面向教师、学生、企业员工及社会学习者四类用户

的文秘运营专业教学资源库运行平台，架构了专业园地、课程中心、微课中心、素材中心、典型工作任务、秘书事务所、文化软实力特色资源、“1+X”考证中心 8 个版块的基本框架，具有良好的互动性和扩展性。经过 1 年的建设，8 个版块均已初具规模（图 8-2）。

图 8-2　资源库框架设计图

3. 建成了拥有 4629 个素材的“素材中心”，活跃用户达到 11373 人

到目前为止，文秘资源库已经得到了较好的建设和应用。其中，素材达到了 4629 条，活跃用户达到了 11373 人。素材中心是一个边建设、边使用、边充实、边完善的素材仓库。单体结构完整的“颗粒化资源”是资源库建设的基础，库内资源要在保障科学性和有效性的前提下尽可能设计成较小的学习单元，便于检索、学习和组课（图 8-3、图 8-4）。

在所有素材中，活跃资源占比达 99. 44%，被标准化课程引用的素材达到 59. 00%，都超过了资源库对相关内容所做的要求（图 8-5）。

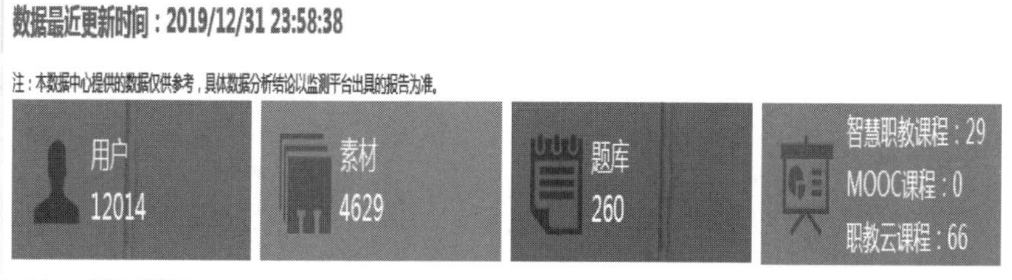


图 8-3　资源库整体建设情况

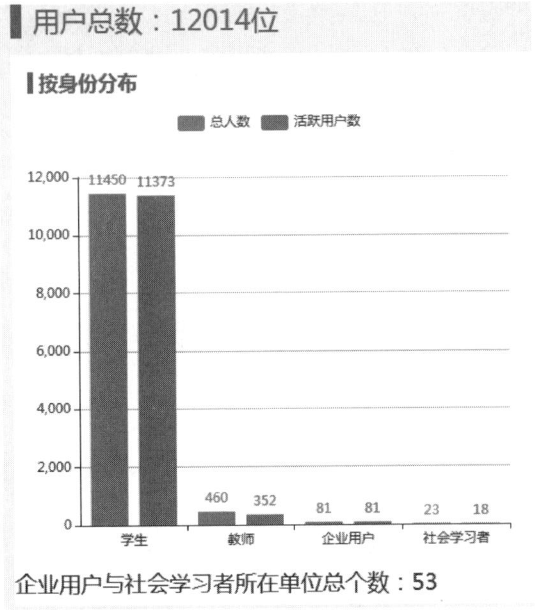


图 8-4　文秘资源库用户情况

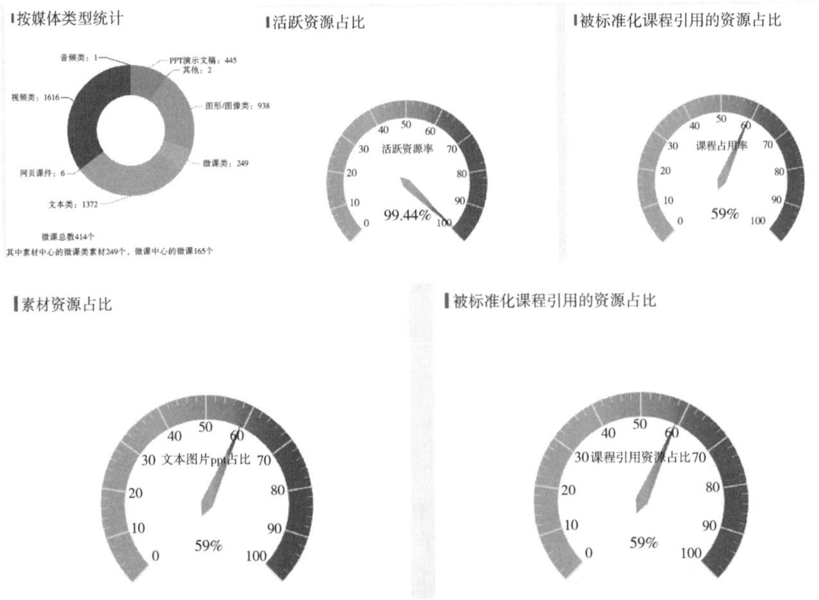


图 8-5　素材信息图

4. 开发了包含7门专业核心课程的“课程中心”

课程中心是面向教师用户定位“辅教”功能的中心模块，教师针对不同的学习对象和课程要求，利用素材库的素材资源灵活组织教学内容、辅助实施教学过程，实现教学目标。

目前，已经完成了“办公自动化”“会务管理”“应用写作”“文秘人际沟通”“演讲与口才”“中华优秀传统文化”“文书与档案管理”7门专业课程的资源建设，已经发布的课程达到14门，各门课程使用活跃，效果良好（图8-6）。

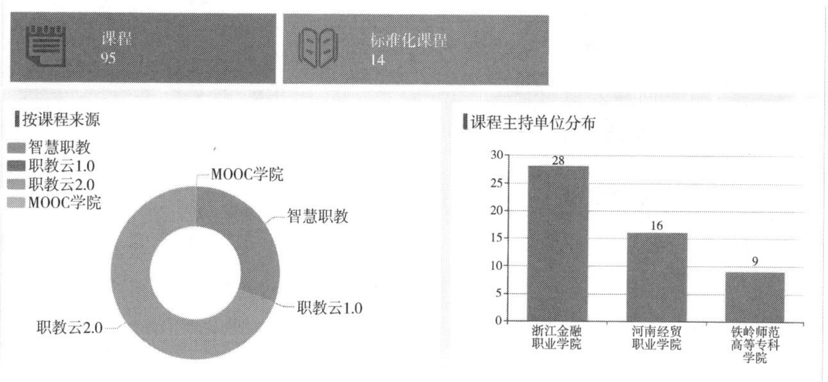


图 8-6　课程中心建设情况

课程使用活跃，来自多种使用媒介，使用的类型多种多样，包括课堂互动、论坛、考试、作业等诸多模块，成了线下教学的有力的辅教工具（图8-7）。

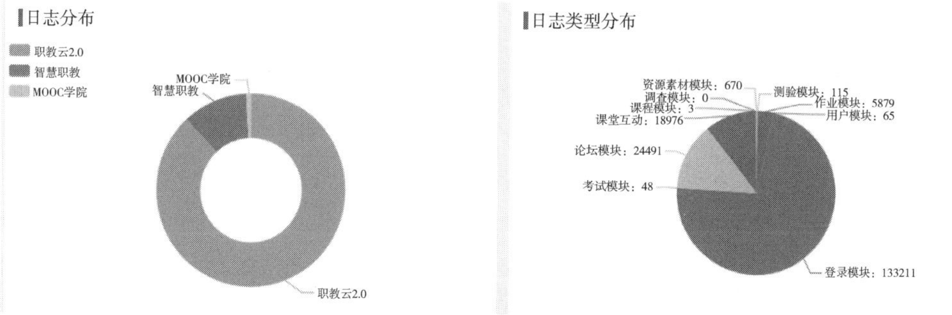


图 8-7　课程使用日志

5. 建成了拥有50门微课的“微课中心”

目前，已经建成拥有50门课的“微课中心”。微课作为学习者非正式学习的重要形式，学习者按照个性化设计，按需选择学习，既可查缺补漏又能强化巩固知识（图8-8）。

图8-8　微课中心建设

（三）应用推广效果良好

已建资源全部在专业教学资源平台上试运行，线上运行良好，用户活跃度高。建成的教学资源库成为教学的重要辅助工具，获得师生的一致好评。平台资源在网络课程学习、布置作业、通知、答疑、讨论、评价等教学环节中得到了广泛的应用。在资源库建设中充分考虑到高职院校学生的特点，在课程中融入了游戏化学习和体验学习理念，深受学生喜爱，激发了学生学习主动性和积极性。教学资源库有力地促进了信息技术与教育教学的深度融合，推动了以“混合式教学”“翻转课堂”为代表的信息技术条件下的教育教学改革（图8-9）。

## 三、项目建设目标与思路

（一）总体目标

根据教育部《教育信息化十年发展规划（2011—2020年）》和《教育信息化“十三五”发展规划》文件精神，结合教学诊断与改进工作，依托文秘资源库建设院校资源共享联盟，引入优质企业，组建高水平团队，建成设计一流、结构合理、素材丰富、资源优质、广泛使用、持续更新、深度应用的

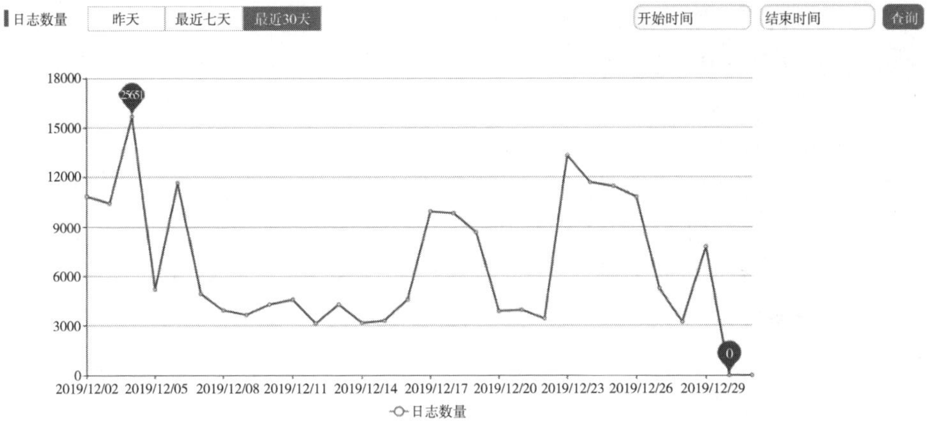


**图 8-9　资源库近 30 天活跃情况**

全国一流的文秘专业教学资源库。按照“一体化设计、开放式管理、持续性更新”建设思路，打造“一个平台、四大中心、六大模块”的文秘专业教学资源库，开拓线上线下学习模式，利用大数据分析教学全过程，促进全员教学信息化的普及与应用，为本专业各层次院校教育、社会培训、产学研融合、企业技术服务提供“能学、辅教、交流、培训、展示”的一流数字资源和在线学习服务，引领文秘职业发展。

优化平台服务功能，面向学习者与教师提供自主学习、在线测试、互动交流、咨询分析、推广应用、智能组课、数据分析、个性化推送等功能模块；优化资源库跨平台兼容能力，通过 PC 机、手机、PAD 等多终端，实现线上线下的混合式教学改革与创新。通过文秘资源库的建设，实现教师的教学理念从传统课堂教学到现代信息化课程教学的转变，将现代信息技术作为教师能力的有效延伸和扩展，并结合教师的教学内容和个人的传统素养，从而实现课堂教学目标的提升和跨越。从教学方法上看，将传统的较为紧张的师生互动转化为人机互动，将简单机械劳动交付信息化手段，将教师的精力主要用于内容的更新和教学目标的精细化上。从学习方式上，将学习与生活结合得更紧密，将课上时间的互动与课后的碎片化学习高度结合，从而提升学习效果。

通过资源库建设，以院校资源共享联盟为平台，加强项目团队建设，推动专业教学改革与创新，提高人才培养质量，增强社会服务能力。资源库在人才培养质量上的目标，构成了系统化资源，将人才学习的流程、成效进行联网展示，并实现实时控制，从而将泛化、无法考量的人才培养目标变成可衡量的培养目标，实现对人才培养的科学管理和配置。

（二）具体目标

1. 优化资源库平台运行环境与使用功能

继续优化资源库平台运行环境与使用功能，面向学生、教师、企业和社会学习者，支持“能学、辅教、交流、培训、展示”等功能，实现在线互动学习、在线教学教研、大数据统计分析。

2. 完善合作共建共享机制，丰富颗粒化优质素材

完善合作共建共享机制，继续丰富颗粒化优质素材，预计建设资源总量超过10400个，其中非图文资源超过5460个。建设26门标准化课程、开辟12个特色训练模块，满足线上线下混合教学。

3. 完善资源库应用推广机制

完善资源库应用推广机制，实现教师、学生和社会学习者总注册人数超过2万人，社会学习用户数超过100人，活跃资源占比超过99.00%，活跃用户占比超过99.00%，合格资源比例超过95.00%，每年更新比例超过10.00%。

4. 提升教学信息化水平

通过资源库建设，有力提升教学信息化水平。争取职教云平台上文秘专业资源库的应用能覆盖到60.00%以上，各高校能有效地利用平台内容，展开课堂提问、竞答、小游戏、作业、随机小测验等各种互动内容，从而实现信息化与教学内容的深入融合。另外，将资源库建设与教师信息化大赛深度结合，开设教师信息化大赛栏目，将相关的政策、文件以及相关专家的指导视频导入进去，从而真正实现资源库的“能学、辅教”目标。

（三）建设思路

1. 对接职业，特色引领

文秘没有统一的职业岗位，但有共同的职业要求。在文秘职业发展中，信息化、多元化和专业化相结合，成为新的趋势。一是文秘工作与信息化手段与应用的联系逐渐加深；二是文秘职业范畴越来越广，既包括传统的办公室工作，也包括宣发、行政、人事、后勤等各个岗位的工作；三是文秘的核心专业技能依然没有改变，并对要求持续加深。在资源库建设过程中，持续以“三化”为核心，不断完善“一个平台、四大中心、六大模块”建设内容体系，努力建设助推职业发展、引领专业改革的教学资源库。

2. 系统推进，重点突破

强化系统建构思维，树立“互联网+”意识，从思想、政策、人力、经费

等方面加大对项目建设的投入力度，整体推进资源库各项任务建设；以产教融合、校企合作为主线，在优质资源建设、平台体验功能、资源库应用推广等重点领域取得突破性进展，形成一系列具有示范辐射效应的标志性建设成果。

3. 创新驱动，成果导向

全面深化专业教学改革，创新“边建边用、共建共享”的合作建设机制，激发资源库建设的活力和合力，提高素材开发与资源建构质量；创新应用推广机制，推动校际教学改革与教学管理对接、校企培训体系深度融合；坚持成果导向，做到资源库建设过程可监控、成果可考核、经验可推广。

4. 学分互认，学习转换

传统的学分互认主要指的是高校之间，尤其是处在同一高教园区或城市的高校之间的学分互认，资源库通过信息化手段，打破传统的地域疆界，实现全国范围内资源库学习者都可以承认的学分互认与成果积累和转化制度。学分互认主要包括四方面工作：一是通过文秘国家资源库联盟，建立相关学分互认制度，实现所有在线学校之间的学分互认；二是承认学习者已有的学习和实践经历，并可折算成相应的学分；三是要建立学分银行；四是改进和加强对于实行学分制的学校的教学安排和教学质量的检查与评估，从互认、折算、管理和监控四个方面实现学分互认机制的政策保障。

## 四、建设规划

（一）多方参与调研分析，完善资源库顶层框架设计

完善“资源共建共享联盟”运行机制，以满足“用户学习与体验需求”为导向，优化“一个平台、四大中心、六大模块”的资源库整体架构；以满足“用户学习与体验习惯”为目标，完善“手机 App”、门户网站、学习平台的使用功能，满足用户“能学、辅教、交流、培训、展示”的需求，形成资源库总体方案和各子项目建设方案。

（二）完善专业教学标准，制定项目建设指导性文件

专业教学资源库涵盖专业建设、课程开发、实训应用等内容，为提高资源库的先进性和实用性，项目组广泛调研相关企业文秘典型工作岗位，深入分析企业典型工作任务与职业能力要求，完善专业教学标准，开发人才培养质量考核标准。在牵头研制国家文秘专业标准的基础上，制定资源开发标准、课程开发标准、案例制作标准等项目建设指导性文件，为资源库建设提供理论指导。

（三）运用国际先进信息技术，构建开放式管理平台

构建开放式管理平台，实现知识点的交叉访问；建立个性化学习资源主

动推送支持系统，优化素材库管理；应用扫码扫图技术，支持线上线下混合教学，完善学习中心应用功能；基于云技术、社区化模式，开发多终端数字教学空间，支持碎片化、个性化学习，支持移动学习与协作学习；加强防火墙保护，增加服务器带宽，均衡服务器负载，满足两万人同时在线的要求，保障资源库平台“安全、高效、稳定”运行。

（四）采用“全方位”手段，向全社会开展应用推广

根据“线上线下”教学要求，完善24门标准课程；根据企业岗位需求，建设20个以上个性化培训模块；完善资源库联盟的应用推广制度，借助多方平台，采用校际学分互认、会议活动推广、培训活动推广、互联网推广等各种推广手段，确保资源库在职业院校教学活动中、在企业技术培训活动中广泛应用、全面推广。

# 第九章

# 文秘教学资源库的内容体系建设

文秘专业教学资源库顺应“互联网+”趋势，依据专业特点和职教规律，定位“能学、辅教”功能，按照“便捷、成效、促用”原则，遵循“一体化设计、结构化课程、颗粒化资源”逻辑，构建“专业教学+职业应用”的资源体系，分层建设集成化职业企业信息层、规范化专业层、结构化课程层、颗粒化资源层四个层次的资源，采用先进网络信息技术，开发建设专业教学资源库网站，完善专业教学资源库建设、共享与应用推广机制，力求建成一个具有国际视野、代表中国标准，以学习者为中心的交互式、共享型专业资源库。

## 一、以资源体系构建为中心，全面推进教学改革

在全面落实资源库建设相关政策的过程中，要因时、因地实行相应措施，使得资源体系建设成为教学改革的一部分。

文秘专业教学资源库需要紧密围绕文秘职业的发展。文秘职业的最大特色是现代化，因此资源库的建设要与教学改革的新特色与新亮点相结合。一方面体现资源库的新，即引入新内容，将传统写作与新媒体写作相结合，将传统会议与网络会议等相结合，将传统办公事务与现代办公事务相结合；另一方面，实现资源库的“特”，创新资源库的实现手段，将其与职业需要紧密结合起来，从而实现资源库的有效应用。

## 二、分层建设丰富多样的各类资源

按照社会需求分析、职业企业信息分析、专业建设分析、课程与辅助资源开发、教学组织与实施等措施汇集资源，以分解的颗粒化资源为基础，按照教育部发布的国家教育信息化技术规范，根据资源文件属性、教学属性、用户属性等对资源进行有效管理，面向用户需求对资源进行四个层次的整合组织。

1. 建设集成化政企文化政策职业信息层

政企文化政策职业信息层的建设有助于高职院校掌握国家文化软实力建设的趋势，培养符合企业发展需求、职业要求的技术技能人才，也有助于细化人才培养目标、准确制定人才培养方案。通过对接国家文化软实力建设以及文化自信的战略决策，研究企业文秘岗位核心内涵、发展特色和成功经验，结合我国文秘实际，进一步明确专业建设的目标、方法和途径。政企文化政策职业信息层的建设也有助于教师、学生、企业、社会学习者掌握国家文化建设的动态信息，了解职业的发展动态，学习相关企业知识。具体建设内容如表 9-1 所示。

**表 9-1　政企文化政策职业信息层建设内容**

| 序号 | 项目主要内容 | 建设内容描述 |
| --- | --- | --- |
| 1 | 国家文化政策及文化建设信息 | 国家关于文化建设的动态、政策、发展概况、人才需求情况、专业技术领域相关网站链接 |
| 2 | 企业信息 | 专业领域知名企业、合作企业、学生就业企业的基本信息与企业人才需求信息；知名企业家信息、知名企业网站链接；合作企业与专业相关的案例 |
| 3 | 职业岗位信息 | 知名企业的主要职业岗位信息；主要职业岗位的典型工作任务描述；岗位工作规范、工作标准 |
| 4 | 企业文化及发展 | 企业文化及理念相应企业发展信息；企业发展过程中的代表人、物、事件 |
| 5 | 文秘新技术与新应用 | 文秘新技术与新应用 |
| 6 | 政策法规 | 产业、职业发展相关政策法规 |
| 7 | 其他 | 其他与职业、产业相关的信息 |

2. 建设规范化专业层

（1）专业建设信息资源。由于前期牵头完成文秘专业国家教学标准的建设，我们已经在专业标准化建设方面完成了大量的工作。包括六个调研报告：一是高职院校文秘专业现状调查报告；二是企业文秘人才需求调查报告；三是文秘毕业生调查报告；四是文秘岗位典型工作任务分析报告；五是文秘专业新岗位和新能力调查报告；六是文秘大数据分析报告。调研内容包括以下几个方面：

①企业：目前文秘类岗位的人才结构现状、技术技能人才需求状况，企业职业岗位设置情况、有关典型工作任务，企业对文秘类人才在知识、能力、素质等方面的要求；尤其对新的信息科技时代，企事业单位文秘类岗位的新内容、新要求进行了调研，并在“标准”中予以反映。

②院校：相关院校文秘专业教学、师资、实训情况，以及目前试行的专业教学标准使用等情况。

③毕业生：文秘学生就业现状和毕业生企业评价所反映出的教学问题等。

在广泛深入调研的基础上，为职业院校专业开发国家标准的人才培养方案，使用户可按照本专业资源库提供的建设方案进行人才培养方案的开发和教学条件的配置，建设内容主要包括调研标准化表格、人才培养目标、规格、专业课程体系设计规范、课程开发规范及教学条件建设标准等普适性资源。具体建设内容如表 9-2 所示。

**表 9-2　专业标准化建设内容**

| 序号 | 项目 | 主要建设内容 |
|---|---|---|
| 1 | 社会需求调研 | 在文秘服务文化软实力教育提升战略下，社会对人才的需求情况，主要就业岗位及次要岗位，典型工作任务的统计分析 |
| 2 | 相关学校专业调研 | 相关学校专业建设情况调研，就业面向、培养目标、规格、课程等调研 |
| 3 | 职业岗位分析 | 岗位能力分析材料 |
| 4 | 专业培养目标及规格 | 专业培养目标与规格 |
| 5 | 指导性人才培养方案 | 专业人才培养方案 |
| 6 | 专业标准 | 教学团队配置标准；实验实训实习设备设施配置标准；校内外实训基地建设标准 |
| 7 | 专家论证报告 | 对专业人才培养方案的论证报告 |

（2）专业文化。专业文化建设内容主要通过提炼文秘专业的相应专业理念（表 9-3），提高师生的职业道德，强化学生对职业人及职业规范的认知。

**表 9-3　专业文化建设内容**

| 序号 | 项目 | 主要建设内容 |
|---|---|---|
| 1 | 职业理念与专业发展 | 所指向的职业或职业岗位群的职业理念资料专业发展简史 |

续表

| 序号 | 项目 | 主要建设内容 |
|---|---|---|
| 2 | 职业道德的培养 | 职业道德培养的相关材料，主题班会或素质拓展培训，职业道德教育，学生团队、社团活动资料等 |
| 3 | 职业规范的认识与强化 | 职业规范、岗位职责、工作守则、工作程序、工作标准、职业情境、职业技能鉴定、职业角色体验、顶岗实习等材料 |

（3）创新创业教育——以文秘事务所为平台。将创新创业教育作为资源库建设的重要组成部分。主要体现在以下几个方面：

①建设文秘事务所，将之作为文秘专业创新创业的载体。文秘事务所由资源库主持院校、参与院校与参与企业共同创建，组建之后，由企业提供实际运营，由院校教师、学生提供智力和技能支持，不仅锻炼了学生应用的能力，而且也使学生在事务所中接受过实际工作的训练。

②文秘事务所呈开放性设置，主要以网络运营为主。由于参与文秘事务所的院校、学生与企业都来自全国各地，因此无法实现统一的管理。因此，文秘事务所在运行的过程中，以任务为中心，以企业为主体，院校主要是协调学生，分配任务，组织学生完成。这将教育与实践创新性结合起来。

③开放式创业活动。在网络事务所之中，可以具体分成以下几个模块：一是新媒体运营事务所；二是会务事务所；三是文书事务所；四是礼仪事务所；五是综合文秘事务所。每个文秘事务所都分成具体的科室，完成各项具体任务。各个企业在上面发布任务。学校根据文秘事务所的安排，组织相对应的实体事务所，这些事务所可以由同学负责运营和管理，完成网络发布的工作任务，将学习与创业高度融合起来。

3. 建设结构化课程层

课程资源为学习者、教学者等相关人群提供以课程为主线的学习资源，是专业资源库建设的核心。

（1）着重落实文秘国家标准。这包括以下几个方面：一是所有核心课程和基本课程的建设，将以国家标准为方向，严格按照其要求进行建设；二是在实训要求、教学要求方面，严格按照标准要求落实；三是在特色文化活动、专业技能竞赛等方面，严格按照标准要求贯彻落实。从总体上来说，资源库建设既要体现出标准的先进性，将互联网技术与专业建设深度融合，又要体现出普适性，让全国所有开设文秘专业的院校，都能顺利运用资源库。

在对文秘岗位工作任务、职业能力归纳分析的基础上，对确定的文秘职业工作任务进行梳理、归类，依照其岗位特点、职业成长规律进行学习领域转换，改革和设计新型课程体系。首先分析归纳关键能力对应的知识与技能要求，然后按照知识和技能的关联度，合并归属分析形成“职业能力—学习领域”对应关系，再按照从易到难、由简单到复杂和知识技能的内在逻辑关系，编排设计课程内容，形成专业课程体系。依托典型工作任务，以职业活动为主线，充分考虑工作任务的实用性、可操作性及可拓展性等因素，紧密结合文秘职业资格标准，围绕文秘企业工作流程及岗位工作标准，构建基于岗位工作过程的课程体系。

文秘专业教学资源库课程按照专业教学标准规定内容、覆盖专业所有基本知识点和岗位基本技能点，包括“办公自动化”“应用写作”“秘书人际沟通”“会务管理”“现代办公事务处理”“文书与档案管理”“秘书礼仪”“公共关系实务”“基础写作”“新媒体写作与运营”“秘书综合实训”“秘书心理学”“秘书艺术素养”“职业生涯规划”“中华优秀传统文化”“会务速录实务”“实用现代汉语”“大学语文”“中国文化概论”“中国商贸文化”“秘书职业概论”“企业营销”“演讲与口才”“秘书工作理论与实务”“秘书与人力资源管理”“秘书通识教育”共26门专业基础与核心课程。

（2）结构化课程充分体现职业教育改革成果。这包括以下几个方面：一是建设文秘教改动态专项栏目，将职业教育主要是文秘教育的最新改革成果体现出来，包括论文资源、会议资源、新闻资源以及各类具体的案例与实践内容。二是要求文秘专业核心课网络课程的建设，必须引入企业专家和企业资源。在碎片化资源中，教师讲解与企业专家具体运用相结合，从而实现课程的实践化。三是课程的组织与考核与最新的教改成果相结合，如智慧教室、智慧课堂，教师充分利用信息化手段，实现课程教学效果的提升。

（3）从思政课程走向课程思政，将资源库的课程建设与思政紧密结合。具体包含以下几个方面：一是文秘专业资源内容包含思政内容，文秘专业的强政治性要求，其绝大部分课程都强调思想建设，这需要在碎片化资源建设之初就明确提出来，并在视频、文本等资源的上传中认真审查，确保思想内容的正确。二是资源库的课程总体框架就体现出强烈的课程思政特色，如基础课“秘书职业概论”“秘书通识教育”，核心课“应用写作”“会务管理”等，都需要将思政作为其中一部分。三是在课程的实施和考核检验过程中凸显课程思政特色，将学生的思政表现融入课程考核。

（4）建立混合式教学标准，完成相关教学内容。混合式教学标准要求的是利用教学工具、技术、媒体和教材，达到教学目标的能力。资源库混合式教学模式标准包括网络教学评价和传统教学评价。评价既对测试结果进行评价，也对学习者在学习中的探究过程和平时表现进行评价。对网络学习的每一个活动都设定评价标准，平台记录学生在每个学习模块学习的进度以及达到的标准，最终平台评价成绩和笔试成绩一起计入期末总成绩。对于传统教学部分的评价标准按照传统教学模式的评价标准来进行。

其主要内容包括教师利用线上教学平台推送演示文稿、视频、动画、案例等学习资源，学生课前自主学习、参与讨论并完成课前任务，教师根据线上学习和课前任务的完成情况，在线下课堂有针对性地答疑解惑，使学生更好地将课程重难点内化吸收。要求在课程建设中，必须包含有课前演习、课中实战和课后拓展三个部分。课前主要通过云课堂进行线上学习与互动，课中主要在课堂进行线下实践，同时也进行线上互动学习，课后以线上作业和社团或兴趣小组实践为主（图 9-1）。

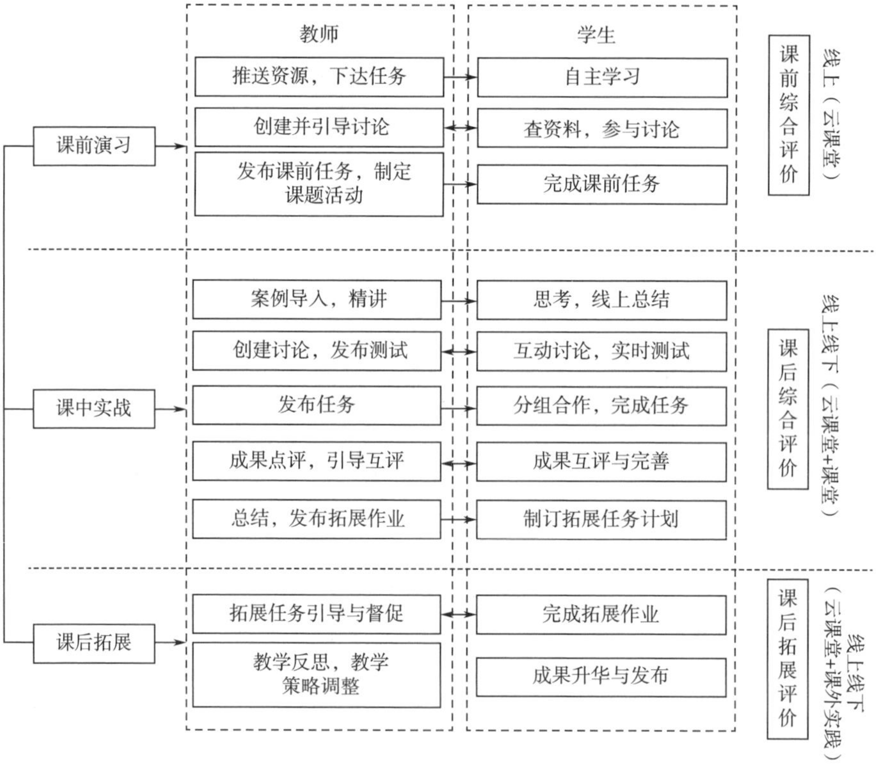


图 9-1　混合式教学模式实行流程图

（5）完善课程质量报告制度。开发资源库开放课程的质量指标体系，定期完成所有课程的质量报告。课程的评价体系包括四个方面内容：一是课程内容的价值性；二是学生主体参与程度；三是交互控制能力；四是整个网络课程的教育实践性。每个教学阶段结束，要求按照这四个方面完成课程质量报告。

分层建设结构化课程资源，依据工作过程（工作任务）或者单元章节，构建课程模块；依据模块中包含的知识点、技能点，分解模块内容，设置课件；以文本、图片、动画、音频、视频、虚拟仿真等多种媒体形式，呈现包含的知识、技能内容，构建海量素材资源。

课程资源详细建设内容列表如表 9-4 所示。

**表 9-4　课程资源详细建设内容列表**

| 课程名称 | 课程内容 | 主要内容 | 建设内容描述 | 备 注 |
|---|---|---|---|---|
| 课程 | 教学内容 | 电子教材 | 针对课程内容编写特色电子教材 | 电子教材 |
| | | 模块教学方案 | 课程中每个模块教学方案 | 电子教案 |
| | | 电子课件 | 针对课程教学开发的电子课件 | 多媒体课件 |
| | | 说课视频 | 针对课程的说课视频 | 视频 |
| | | 教学视频（微课） | 课程授课过程中的教学录像 | 视频 |
| | | 实训指导书 | 课程实训中运用的实训指导书 | |
| | | 参考文献 | 课程学习过程中可参照的文献资料 | |
| | | 典型资源 | 课程涉及的企业案例、技术资料等 | |
| | 教学设计 | 整体设计 | 对课程从整体上进行设计 | 课程标准 |
| | | 模块设计 | 按模块进行教学设计 | |
| | | 情境设计 | 课程教学情境设计（分析学习者和学习环境选取合适的教学内容，选择资源，确定教学目标，组织教学，并对教学效果进行评价反馈） | |

续表

| 课程名称 | 课程内容 | 主要内容 | 建设内容描述 | 备注 |
|---|---|---|---|---|
| 课程 | 教学设计 | 评价反馈设计 | 对设计内容进行评价，收集反馈信息，进行整改 | |
| | 教学实施 | 教学方法 | 课程教学过程中针对性的教学方法 | |
| | | 教学手段 | 课程授课过程中主要用到的教学手段 | |
| | | 教学环境 | 教学环境及要求说明 | |
| | | 技能竞赛 | 课程涉及的知识内容对应的技能竞赛情况 | |
| | | 学习模式 | 课程主要的学习模式说明 | |
| | | 实训实习 | 课程实训内容、实习内容的设计 | |
| | | 考核方式 | 考核方式说明、设计为该考核方式的理由 | |
| | 课程评价 | 习题库系统 | 主要进行各类题目设计 | |
| | | 试题库系统 | 主要进行完整套题的设计 | |
| | | 作业系统 | 主要进行课程作业设计 | |
| | | 教学评价 | 教学评价设计（包含评价内容、评价方式、评价主体和评价反馈等） | |

4. 建设颗粒化资源层

颗粒化资源层主要包括基本资源和拓展资源两部分，基本资源涵盖专业教学标准（或专业教学基本要求）规定内容，覆盖专业所有基本知识点和岗位基本技能点，颗粒化程度较高、表现形式适当，能够支撑标准化课程的资源。拓展资源是指基本资源之外针对产业发展需要和用户的个性化需求开发建设的资源。拓展资源应反映职业发展的趋势特色、前沿技术、最新成果及国际比较，并能够保持先进性。

拓展资源中，如何实现企业和产业的资源建设，极为重要。在本资源库的建设中，引入群建共享模式。所谓“群建共享”，是指智慧教学资源平台是一个开放的多元化主体使用和编辑平台，在平台内，每个用户既是资源的使用者，也是资源的开发提供者，还是资源的管理、维护、更新者。根据院校和企业的需求的不同在平台上设定相应的功能，给予编辑的职责与权限，提高用户使用的便捷性、参与的积极性。“群建共享”的开放协同建设模式，具体为“以教师队伍为主导，企业为主体”，协同发挥校企特长。因此，资源库主要参与方不仅仅包括专任教师，还包括参与课程建设的企业一线高管、政府监管人员等兼职教师。专任教师对整个平台负责，主要做好课程教学目标、教学标准、教学设计、教学评价等方面的制度设计，满足学校教学的基本要求，重点抓好基础教学资源建设，如课程全程录像、教学课件制作、学生作业设置和试题库建设；兼职教师队伍，重点建设实践技能操作指导资源库和拓展资源库中的实践部分。企业质量高管定期分享企业实践操作视频、实践案例等，并对学校的效果做出企业的评价。

产业和企业资源的有效引用。在赋予企业和相关机构一定权限之后，他们就可以定期分享相关资源，通过校企联动机制，在资源整体设计时，直接分成基础教学资源建设和实践指导资源建设，分工负责，赋予不同的权重和分数，保证各参建学校能有效地利用这部分资源，并在学生的学习中予以具体体现。

拓展资源的先进性和前瞻性是资源库与新时代需要紧密结合的重要方面。在资源库建设中，与产业和企业共同提炼典型工作任务，模拟真实工作场景，拍成相关视频资源，将实际工作所需的知识技能内化为相关课程的知识和任务。在具体的运用上，典型工作任务的提取，聚焦对人员岗位能力和职业发展有重要作用的任务，在典型工作任务提炼的基础上，按照工作岗位所需的知识、能力、素质要求，对典型工作任务进行“教学化”处理，按照“学—研—创”的智慧教学理论，以基于工作过程所形成的教学项目为载体，创设学习情境，体现职业性。资源平台根据学生历次课堂表现均衡分组演练，最后由企业团队来完成对作品的打分，学生根据点评意见进行修改完善。文秘教学资源库企业拓展资源的设计，以此为依据，分为实践技能操作资源库、学生作品库、企业典型任务拓展资源库等，实现拓展资源的先进性和前瞻性。

颗粒化资源建设内容见表 9-5：

**表 9-5 颗粒化资源建设内容详表**

| 序号 | 主要内容 | 建设内容描述 | 数量 |
|---|---|---|---|
| 1 | 文本资源 | 收集与制作文秘专业行业相关的文本素材，包括教学资料、学习心得、案例分析等 | 520 |
| 2 | 图片资源 | 收集与制作文秘专业行业相关的图片素材，包括教学用图片、学习用图片、拓展类图片等 | 520 |

续表

| 序号 | 主要内容 | 建设内容描述 | 数量 |
|---|---|---|---|
| 3 | 视频资源 | 收集与制作文秘专业行业相关的音视频素材，包括教学用视频、学习用视频、新技术新方法推荐类视频等 | 3120 |
| 4 | 音频资源 | 收集与制作文秘专业行业相关的音视频素材，包括教学用音频、学习用音频、新技术新方法推荐类音频等 | 1820 |
| 5 | 动画资源 | 收集与制作文秘专业行业相关的动画素材，包括教学用动画、学习用动画等 | 260 |
| 6 | PPT 资源 | 收集与制作文秘专业行业相关的 PPT 素材，包括教学用 PPT、学习用 PPT、新技术新方法推荐类 PPT 等 | 1300 |
| 7 | 微课资源 | 围绕某个知识点、技能点、某个教学环节，收集与制作文秘专业行业相关的微课 | 260 |
| 8 | 习题 | 收集与制作各门课程核心知识点、技能点相关的不同类型的题目 | 2600 |
| 9 | 工具软件（虚拟仿真） | 开发文秘专业行业相关的工具软件（虚拟仿真），包括教学用工具软件（虚拟仿真）、培训用工具软件（虚拟仿真）等 | 2 |
| 合计 | | | 10402 |

资源建设充分发挥信息技术资源的优势，综合考虑不同类别用户的需求，并且形式规格遵循《职业教育专业教学资源库相关技术规范汇编（2019 年版）》标准，包括元数据标准、素材资源技术规格标准等。注重各种类型资源的深度开发，提高除文本、图形类以外的其他资源比例，努力实现资源呈现的生动化、形象化、多样化。按照资源的内容和性质，科学地标注资源属性，加强资源的智能组合功能。系统设计资源平台的应用功能，强化平台的资源存储、资源评价、资源关联以及资源再生功能；同时实现针对不同用户的资源检索、学习方案推送、在线学习、讨论互动、监测评价等功能。

## 三、资源标注与检索

使用方：数量持续增长的网络学习资源，很容易让用户陷入海量的信息检索困境。为方便用户群体快速有效获得所需的资源，资源库开发团队开发了智慧资源检索导航系统，通过关键词、模糊词义等可对资源的标题、全文内容进行检索，检索内容可根据相似度、发布的时间、评价高低等排序，帮助用户快速精准识别资源。

建设方：根据资源库数据类型分为必须数据元素、通用可选数据元素、分类数据元素三大类。必须数据元素在要求中需要与查询对象元素保持数据元素相一致。必须数据元素也是其他类型资源必需的属性标注。主要包括：标示、标题、内容描述、关键字、贡献、格式等多类属性；通用可选数据元素主要是针对资源的属性集合。此类数据元素主要根据使用者与开发者在工作过程中以属性选择为基础，选择使用资源大小、古资源使用条件描述、适用对象属性描述；分类数据元素主要根据各类资源特点，对其中某些资源技术与资源特征密切相关的数据进行制定，并对其中部分基础特殊资源进行属性分类。

## 四、冗余资源的建设与管理

在资源库的建设中，所有二级项目，在库内的素材、积件、模块应在数量和类型上都超出标准化课程包含的内容，主要目标包括以下几个方面。

1. 资源库的结构化课程冗余资源的建设目标

要求每门课程应用的资源数不少于 400 条，其中视频类资源超过 50%，在此基础上，要求每门课程建设不少于 100 条的冗余资源，这些资源既可以是课程的拓展，也可以是实训内容的增加。

2. 资源库的模块冗余资源的建设目标

要求所有模块，包含有模块驱动的必须核心资源，但各模块都留有一定的扩展空间，这部分扩展空间与冗余资源相对应。如“1+X”证书模块，目前拟开发的证书包括文秘证书、速录证书等，但除了这些文秘常规证书之外，还包括未来可能开发的证书，如新媒体运营证书，可以收集整理相关的冗余资源，这些资源既是核心资源的拓展，未来也是核心资源的一部分。

3. 冗余资源的管理

对冗余资源，要避免将之理解为垃圾资源和僵尸资源，而是将其理解为未来资源库建设发展的一部分。在管理上，要求运用同等的资源标注与索引规则，但需备注“冗余”字样，为未来的利用打好基础。

## 五、开发建设专业教学资源库网站

专业教学资源库网站是资源库运行的关键要素，提供满足学生学习、教师教学的教学资源需求，为职业教育提供优质教学资源与服务，实现导学导用功能。同时，资源库将会开发基于自主学习的移动客户端，满足在移动互联网时代，用户利用碎片化时间“移动学习”的需求。

资源库建设包括“一个平台、四大中心、六大模块”，分别为资源库运行与管理平台；专业中心、课程中心、素材中心、辅教中心；“1+X”证书、文化软实力、文秘名人堂、文秘事务所、文秘训练营和虚拟仿真实验室构成。

1. 四大中心

（1）文秘专业中心。资源库的建设核心就是专业建设。专业建设主要包括专业介绍、专业带头人说专业、专业标准、专业调研报告、人才培养方案、专业办学条件等，通过这些栏目的建设，从源头上厘清专业内涵、专业的总体框架，做好专业设计。建设内容见表9-6：

**表9-6　专业建设内容一览表**

| 建设项目 | 主要内容 |
| --- | --- |
| 专业介绍 | 专业名称、专业代码、教育类型、学历层次、学制、生源、就业面向、培养目标等 |
| 专业带头人说专业 | 专业带头人制作说专业方案，录制说专业视频资料 |
| 专业标准 | 汇总专业标准，为资源库建设和专业教学提供技术操作的标准信息，规范专业学习 |
| 专业调研报告 | 职业特征、现状和发展趋势，职业人力资源需求分析 |
| 人才培养方案 | 制定符合高职文秘专业人才成长规律、具有普适性的专业课程体系基本方案；开发校本化特色课程的方案；与企业合作，开发相应的培训课程方案 |
| 专业办学条件 | 通过专业调研和专家论证，形成具有普适性的专业办学条件范本 |

专业中心包括职业资讯、职业职场、人才培养、课程标准、技术前沿等二级栏目，主要从专业视角向全社会提供本专业的国际发展动态、职业能力需求、专业教学标准、改革创新案例等，引领与指导专业内涵建设，提升专业办学质量。

**表9-7　专业中心建设内容表**

| 序号 | 二级栏目 | 子模块设计 | 主要建设内容 |
| --- | --- | --- | --- |
| 1 | 职业资讯 | 产业业态 | 国内外文秘职业最新业态、相关政策信息、法律法规等 |
|  |  | 企业动态 | 国内外文秘相关会务公司、礼仪公司等发展动态 |

续表

| 序号 | 二级栏目 | 子模块设计 | 主要建设内容 |
|---|---|---|---|
| 2 | 职业职场 | 新兴领域 | 国内外文秘职业新领域、新技术等 |
| | | 岗位信息 | 企业主要岗位信息、典型工作任务、工作规范、工作标准 |
| | | 人才需求 | 文秘人才需求信息、招聘信息、人才管理信息等 |
| | 人才培养 | 专业调研报告 | 发布文秘专业权威调研报告，共享资源库联盟院校的专业调研报告 |
| | | 人才培养方案 | 发布国家及相关省市制定的专业教学标准；共享资源库联盟制定的指导性人才培养方案；共享各联建院校的专业人才培养方案 |
| 3 | 课程标准 | 专业课程体系 | 通过汇总各院校典型的、特色化的课程体系结构，为教育行政部门项目建设、院校课程建设、出版社教材出版等工作提供参考 |
| | | 专业课程标准 | 通过汇总各院校典型的、特色化的专业课程标准，为专业教学、人才培养提供参考依据 |
| 4 | 技术前沿 | 技术动态 | 国内外文秘职业领域的技术动态、新技术突破与应用、技术发展概况等 |

（2）文秘课程中心。课程资源为学习者、教学者等相关人群提供以课程为主线的学习资源，是专业资源库建设的核心。资源库是现代“互联网+”专业的最新体现形式，在课程体系上，体现出以下改革：

①课程内容的创新。首先，课程目标是培养创新精神和实践能力的应用型高技术人才。其次，课程内容的选取不追求体系，而是以实用为主；不以知识为中心，而以问题为中心，每个内容都是解决课程中所涉及的一个小问题。

②微课多样化设计和制作创新。在微课资源库的建设中，根据教学内容合理选用微视频的录制，尽量做到科学高效。一般教学过程在课堂录制，实践操作内容可分为两部分，一部分可以通过校内模拟操作完成；另一部分通过在企业一线操作演示，通过多样化的设计，最终将课程打散为各类以实用为目的的微视频体系。

课程中心功能定位于“能学、辅教”，建设 7 门专业课程，每门课程都包含完整的教学内容和教学活动，包括教学设计、教学实施、教学过程记录、教学评价等环节，支持线上教学或线上线下混合教学（表9-8）。

表9-8　课程建设规划

| 序号 | 课程名称 | 建设状态 | 主要工作 | 项目负责单位 |
|---|---|---|---|---|
| 1 | 会务管理 | 已建 | 更新完善<br>教学应用 | 浙江金融职业学院 |
| 2 | 文书与档案管理 | 已建 | 更新完善<br>教学应用 | 安徽商贸职业技术学院 |
| 3 | 办公自动化 | 已建 | 更新完善<br>教学应用 | 浙江育英职业技术学院 |
| 4 | 应用写作 | 已建 | 更新完善<br>教学应用 | 广东科学技术职业学院 |
| 5 | 文秘人际沟通 | 已建 | 更新完善<br>教学应用 | 嘉兴职业技术学院 |
| 6 | 中华优秀传统文化 | 已建 | 更新完善<br>教学应用 | 浙江金融职业学院 |
| 7 | 演讲与口才 | 已建 | 更新完善<br>教学应用 | 铁岭师范高等专科学校 |

已建成的七门课程主要内容见表9-9：

表9-9　课程描述

| 序号 | 建设课程 | 课程描述 |
|---|---|---|
| 1 | 会务管理 | 文秘专业的核心课程。课程的设计定位是指导学生掌握文秘工作过程中必备的会议管理实务知识与技能。通过本课程的学习，学生可以获得必要的会议管理实务的基本知识，较系统地掌握会议管理实务的基础知识、基本操作方法和技巧，从而具备良好的会议管理实务实际操作能力，并能够灵活运用会议管理的方法进行各类会议活动的处理 |
| 2 | 文书与档案管理 | 文秘专业的核心课程。通过学习使学生们熟悉文书与档案管理的组织机构，明确文书档案人员的基本素质与技能要求；掌握文书与档案、文书工作与档案管理的含义及相互关系 |
| 3 | 办公自动化 | 文秘专业的核心课程。包含Word、Excel、PowerPoint、PhotoShop等办公软件制作，以及凡是在传统的办公室中采用各种新技术、新机器、新设备从事办公业务，都属于办公自动化的领域。通过实现办公自动化，或者说实现数字化办公，可以优化现有的管理组织结构，调整管理体制，在提高效率的基础上，增加协同办公能力，强化决策的一致性 |

续表

| 序号 | 建设课程 | 课程描述 |
|---|---|---|
| 4 | 应用写作 | 文秘专业的核心专业课程。课程目标主要是培养企业文秘人员常用公文写作能力（通知、函、请示、通报等）、会务文书写作能力（会议记录、纪要、日程、议程、方案）以及日常事务文书写作能力（计划、总结、述职报告、邀请函、启事）等。本课程是学生学习、掌握文秘职业写作知识，培养、掌握职业写作技能的主干课程。它既是一门研究应用写作规律与方法的学科，同时又是一门实践性、应用性较强的学科，具有综合性、实用性、工具性的特征。作为一门基础技能课程，应用写作是其他课程的基础课，是连接专业基础课程和其他学科之间的纽带，是沟通社会各行各业的桥梁 |
| 5 | 文秘人际沟通 | 文秘专业的核心专业课程。文秘人际沟通是文秘专业必须掌握的一门课程，职场中文秘、助理要学会与人沟通的技巧。其过程就是人们采用言语、书信、表情、通信等方式彼此进行的在事实、思想、意见、情感等方面的交流，以达到人与人之间对信息的共同理解和认识，取得相互之间的了解、信任，形成良好的人际关系，从而实现对行为的调节，帮助学生更好地与人沟通 |
| 6 | 中华优秀传统文化 | 中华优秀传统文化是一门公共基础课程，本课程充分考虑到高职院校学生特点，以培养学生具备中华优秀传统文化基本素养为宗旨，带领学生了解中国文化的来源、历史文脉、思想精髓、科学技术、艺术风貌和民俗文化，深入浅出、通俗易懂，在愉悦中品味传统文化的魅力 |
| 7 | 演讲与口才 | 演讲与口才课程是培养当代社会所需高职人才具有较强表达技能和素质的一门实用性课程，是以语音基础为突破口，开发学生的表达、思维、交际等潜能的综合性较强的课程，也是培养学生的勇气和自信、团队精神和合作精神的复合型课程<br>本课程的特点是研究口语运用规律，对演讲、口才、交际等以理论教学为基础，重点加强实践教学，以学生听、读、说、评、练为核心，提高学生的演讲水平，培养学生的心理素质，锻炼学生的口才，塑造大学生自身的公关形象，以应对现代社会生活、工作中的交际、求职、应聘与自我推销等 |

（3）素材中心——“7+8”原则。素材中心包括图文图像专区、微课专区、音频视频专区、动画专区、典型案例专区、虚拟仿真专区六个二级栏目，主要通过制定统一的“资源类型分区、资源主题编码、信息分类索引”规范，方便用户“快捷、精确、高效”检索到特定资源和捕捉到相关推荐资源。

素材中心根据“7+8”原则，按媒体类型主要有文本类素材、课件类素材、图形图像类素材、音频类素材、视频类素材、动画类素材和虚拟仿真类素材7类资源（图9–2）；按教学应用主要包括学习任务书、教学设计、学习手册、案例、微课、演示视频、教学课件、仿真实训8种类型资源（图9–3）。

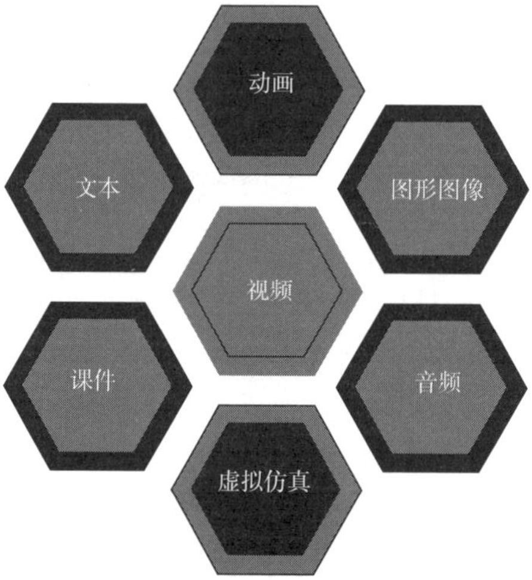


**图9–2　媒体资源类型**

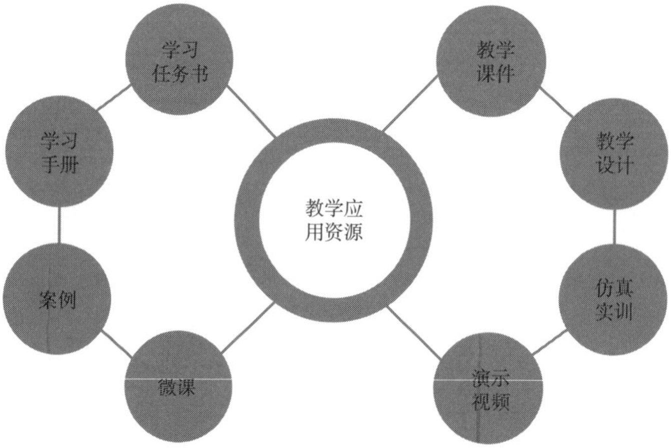


**图9–3　教学应用类型资源**

（4）文秘辅教中心。

①为院校教师和企业培训师提供26门标准课程的教学资源包。每一个知识技能点的主要资源有学习任务书、学习手册、教学设计、训练项目教学课件、微课视频、演示视频、演示动画、测试试题、课程清单、教学海报、操

作工单、评分标准等资源，支持线上线下混合教学。

②为院校老师和企业培训师提供个性化课程制作与发布功能。用户可以根据个性需求，从素材中心遴选符合个性需求的素材，搭建个性化学习课程，满足不同专业、不同班级、不同类型学生的需求；同时，开辟校际教研平台，满足不同院校教师开展校际教研活动。

2. 六大模块

（1）文化软实力。文秘教学资源库为国家文化软实力服务，是一大建设目标。因此，将文化软实力建设列为资源库建设重要组成部分，这一模块共分为四个部分，分别是政策与信息、实践与成果、培训体系、“一带一路”倡议四个部分（表 9-10）。

**表 9-10　“文化软实力”模块建设内容**

| | | |
|---|---|---|
| 1 | 政策与信息 | 国家有关文化软实力发展的各项政策和措施；各企业文化建设中有关文化软实力建设部分；<br>文秘职业中文化素质建设信息与动态 |
| 2 | 实践与成果 | 院校特色文化教育活动；企业特色文化实践；<br>职业特色文化展示 |
| 3 | 培训体系 | 文秘专业特色文化课程类培训，包括大学语文、中华优秀传统文化、职业汉语应用等课程；特色文化教育活动体系，包括培训包建设等 |
| 4 | “一带一路”倡议 | 服务“一带一路”倡议的方法与措施<br>服务“一带一路”倡议的成果展示<br>服务“一带一路”倡议的典型案例 |

（2）文秘名人堂。文秘名人堂模块主要收集文秘专业领域相关的专家、教学名师、其他典型人物的视频教学讲座等资源（表 9-11）。

**表 9-11　专家名师信息资源**

| 序号 | 项目 | 主要建设内容 |
|---|---|---|
| 1 | 专家信息 | 专家的有关信息、专家的研究动态论文、专著学术报告、视频其他资源 |
| 2 | 教学名师 | 名师的有关信息、名师的研究动态论文、专著、教材授课视频、其他资源 |

续表

| 序号 | 项目 | 主要建设内容 |
|---|---|---|
| 3 | 其他典型人物 | 典型人物的有关信息、典型人物的研究动态、其他资源 |

（3）文秘训练营。文秘训练营是根据文秘专业职业发展实际与典型工作任务，选取企业典型的复杂工作任务或新技术、新工艺、新方法，转化为重点技能训练项目，按照教学规律与学习规律，加工制作成重点技能训练模块，实现个性化定制，为社会学习者提供“专递课堂”。其包括以下三个部分：职业技能大赛、社会培训包与特色技能。主要训练内容如表 9-12 所示。

**表 9-12　文秘训练营主要内容一览表**

| 项目名称 | 主要内容及要求 | 实训成果 |
|---|---|---|
| 形体礼仪实训 | ①具备文秘形体、举止、言谈规范得体的素养<br>②具备文秘职业形象设计能力<br>③掌握各种各类职业礼仪规范 | 形象设计活动及总结 |
| 普通话实训 | 准确流利地运用普通话与人交往 | 拥有国家普通话二乙等级证书 |
| 口才实训 | 要求学生能掌握语言运用的技巧，并能在不同的情境中制定口才表达方案 | 各类演讲活动及总结 |
| 文书实训 | ①掌握文书制作要领和规范，熟悉公文处理程序<br>②熟练掌握计划、总结、会议记录、合作意向书、商务文书写作<br>③掌握合同、招投标书、涉外商务文书写作<br>④了解并熟悉市场调研报告、可行性报告、新闻通稿等较复杂文书写作 | 能独立完成四级文秘常用事务文书写作 |
| 办公室实训 | ①熟悉公文处理程序<br>②熟练掌握文秘办会技能<br>③具备熟练的文秘事务处理能力 | 现代办公事务处理报告册 |
| 办公自动化实训 | ①熟悉掌握 Word、PowerPoint 等软件运用，掌握系统维护基本常识<br>②熟练掌握打印机、复印机、传真机、录音笔等设备使用要领<br>③掌握浏览器使用技巧，能通过网络收集并整理信息<br>④掌握局域网相关知识 | 办公自动化系列作品 |

（4）文秘事务所。文秘事务所是高职院校文秘专业创新校企合作模式，实现校企共建共进的重要手段。事务所由校企共建，企业提供真岗实训，为生源提供专业实训，其本身具有专业的服务水平、诚信的职业精神、高效的服务质量，在全心全意地为社会服务的同时，打造文秘职业技能学习平台。高职院校，适应时代的要求，运用自身的优势成立文秘事务所，是文秘专业教学的新的创新。

（5）文秘“1+X”证书中心。根据国务院及人力资源和社会保障部的相关政策，文秘专业职业证书不再由国家统一组织考试，但职业技能等级证书是毕业生、社会成员职业技能水平的凭证，也是学习成果的认定。开发利用新的职业证书非常重要。

为此，本资源库将与现代教育研究院以及企业一起，共同开发文秘职业资格证书，让证书体现岗位群能力要求，反映职业活动和个人职业生涯发展所需要的综合能力，全面涵盖专业知识、职业素养和技能操作。证书将分为初级、中级、高级三个等级。根据知识要点及考试要求，达到一定的对文秘技能较为权威的社会认可度。学生和社会学习者可根据需要，自主选择参加职业技能等级证书培训与考核等。

（6）文秘虚拟仿真实验室。结合现代化信息技术，引入 VR/AR 技术，制作 350 个左右虚拟仿真训练模块，满足学员在线虚拟实训与仿真体验，包含：

①会议管理：选择会场、会务准备、会场布置、检查设备。

②档案管理：档案归类管理、档案检查、档案缺失、档案编码。

③办公室事务管理：办公区管理、办公室违规行为管理、办公设备管理。

④公文写作：文种选择、写作要素、写作格式、写作流程、效果说明。

利用 VR/AR 技术，实现无手柄操作，实现“时时能学，处处可学，人人皆学”效果，满足“终身性、全民性、泛在性、灵活性”的学习型社会要求。

## 六、共享方案

### （一）健全应用机制，“边建边用”，联盟内部推广快速铺开

完善《资源库项目管理办法》《资源库建设资金使用与管理细则》《资源库共建共享联盟章程》《资源库校际学分互认管理办法》《教师信息化认证与考核制度》等项目建设与应用推广制度，采用“边建边用”方式，建立“资源库应用季度研讨交流”机制，开辟“资源库应用校际联合教研”活动；鼓励参与资源库建设与应用的专业教师积极参加各级各类教学信息化大赛；增强项目团队及成员协同性、互动性和共享性，实现资源库共建共享联盟内部

应用与推广快速铺开。

项目主持院校的专业教师使用资源库进行专业教学的学时数占专业课总学时的60%以上，项目联合建设学校比例达40%以上；各类素材合理使用，课程使用率达100%，题库题目使用率达60%以上。项目主持单位和参建单位的专业学生使用率达100%，用户活跃度高且学习行为符合规律。

（二）充分发挥“互联网+”优势，开发手机端App、微信端应用功能

随着“互联网+”的发展，开发包括手机App、微信公众号在内的全媒体呈现平台是电脑网络平台的有力补充，也是未来教学资源库建设和应用方向。其他专业资源库的应用实践证明，手机App、微信公众号的使用是资源库应用推广的有效途径。手机App、微信公众号为学习者提供移动设备上的课程订阅、消息推送、作业、课件、视频和资料服务，不断提高用户体验，使资源库使用者在互联环境下实现随时随地学习、沟通和资源共享，为实现资源库人人能学、时时可学的目标提供了有效途径。

（三）提升资源库企业与社会应用效率

通过联盟的行业协会、企业员工培训和技术交流等渠道宣传推广资源库。加强校企合作，充分考虑企业的生产实际需求，为企业提供资源库应用培训，使企业充分利用资源库应用平台作为其人员培训和技能积累的重要平台。企业提供案例和技术支持，在资源库平台上发布新技术、新产品和相关培训信息，将资源应用纳入继续教育、技能提升的培训系统。同时，利用网络、报纸、广播等媒体，广泛宣传资源库的作用，扩大资源库在社会上的影响，吸引社会学习者学习实践。

根据企业岗位需求，开辟20门左右适合企业员工培训的个性化学习课程，利用资源库合作单位的校企合作优势，应用教学资源库平台，积极开展企业员工培训、社会技能培训、技能鉴定培训等技术培训服务，向社会全面推广资源库的应用。

（四）依托专业平台，“树立品牌”，推介资源库功能应用

（1）书刊推广。归纳资源库建设成果，利用扫码扫图技术，将数字资源与手机App结合，与权威出版社合作，出版系列规划教材与培训教程，每年定期召开专业资源库建设成果发布会。

（2）会议推广。积极参与全国各类高峰论坛、教育教学改革交流会、相关学会、协会、年会，利用主旨发言与平台展示，推广资源库建设成果与平台功能。

（3）活动推广。发挥联盟单位的区域示范优势，联合当地社区、职业院

校与相关企业开展新体验活动，将专业教学资源库建设经验、建设成果与共享平台向全社会分享、展示、共享。

（4）网络推广。利用大数据分析注册用户、行为日志、网络广告空间等价值信息，通过搜索引擎优化与关键词广告、职业企业网站超级链接、专题共建和内容转载、信函与电子邮件推送等方式，推广资源库平台功能，提升资源库品牌度。

（五）召开培训会议，“示范辐射”，分享资源库建设成果

依托秘书事务所联盟、教指委文秘专委会等平台，面向全国中高职院校，增加资源库共建共享联盟成员，每年召开两期文秘专业教学资源库平台应用培训会议，向中高职院校培训资源库平台使用与管理功能，展示资源库建设成果，推广线上线下混合教学模式，全面共享资源库建设成果。

## 七、项目进程与分工

（一）建设步骤——多阶段并进

本项目规划建设期限为 2 年，分为开发准备期、试运行与项目申报、资源库建设期、完善与推广期、资源库验收、项目维护及资源更新期六个阶段，采取多阶段并进方式，具体建设步骤如图 9-4 所示。具体建设内容如表 9-13 所示。

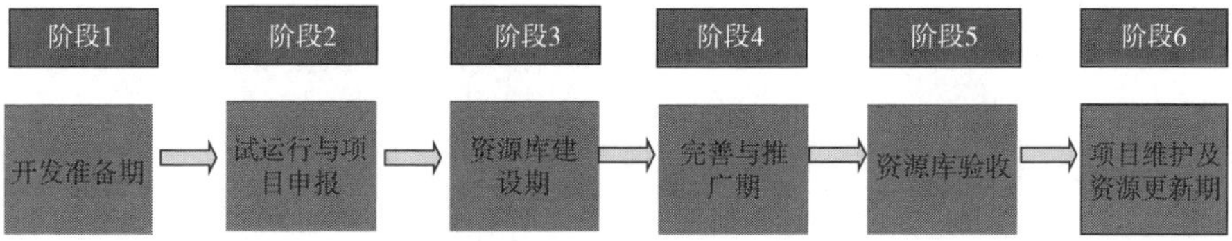


**图 9-4　项目建设整体规划**

**表 9-13　建设步骤一览表**

| 序号 | 进度安排 | 建设进度 | 时间节点 | 主要建设任务 | 目前状态 |
|---|---|---|---|---|---|
| 1 | 开发准备期 | 资源库<br>开发准备 | 2018. 07—<br>2018. 12 | ①组建项目建设团队<br>②开展顶层设计研讨<br>③确定课程体系<br>④建设系统平台<br>⑤开发资源标准<br>⑥开展调研，组织交流培训 | 已完成 |

续表

| 序号 | 进度安排 | 建设进度 | 时间节点 | 主要建设任务 | 目前状态 |
|---|---|---|---|---|---|
| 2 | 试运行与项目申报 | 资源库试运行；项目申报 | 2019.02—2019.06 | ①初步完成平台建设，调试、完善9个版块<br>②收集、制作、上传、审核资源<br>③组织6000名师生在线注册课程资源<br>④利用现有资源搭建课程，试行线上线下教学<br>⑤申报国家教学资源库项目 | 进行中 |
| 3 | 资源库建设期 | 项目启动建设 | 2019.02—2019.06 | ①制订项目建设方案与实施计划<br>②设计项目总体框架<br>③专业、职业深度调研<br>④制定项目相关标准<br>⑤召开项目启动会，进行建设任务分工 | 进行中 |
| | | 资源收集与建设 | 2019.02—2019.12 | ①制定资源标准、开展调研工作<br>②梳理归类合作院校、企业及培训机构优质资源<br>③有针对性地进行资源深度开发<br>④资源整合优化 | 进行中 |
| | | 资源审核及上传 | 2019.02—2021.09 | ①对收集与建设的资源进行上传审核<br>②对问题资源提出整改建议<br>③对资源进行更新<br>④审核通过的资源组织及时上传 | 进行中 |
| | | 资源库使用 | 2019.02—2021.09 | ①面向不同用户进行广泛宣传试用<br>②在参建院校中进行资源库教学 | 进行中 |
| | | 项目中期检查 | 2020.09—2020.12 | 聘请专家对项目建设成果进行评审、鉴定 | 待续 |
| 4 | 完善与推广期 | 资源库完善 | 2020.09—2021.09 | 收集用户反馈信息，完善改进 | 待续 |
| | | 项目推广 | 2021.09—2021.12 | ①在参建学校使用资源库教学的基础上，采取多方式多渠道进行项目应用推广<br>②采用新技术实现自动化学习导向、智能联想检索、虚拟仿真实训、实现网络远程教育等新功能 | 待续 |

续表

| 序号 | 进度安排 | 建设进度 | 时间节点 | 主要建设任务 | 目前状态 |
|---|---|---|---|---|---|
| 5 | 资源库验收 | 资源库验收 | 2021.09—2021.12 | ①准备验收材料<br>②召开资源库验收启动会，布置工作任务<br>③参加资源库验收答辩 | 待续 |
| 6 | 项目维护及资源更新期 | 项目运营维护；资源的持续更新；资源库完善 | 2022.01—持续 | ①成立小组，制定运营方案<br>②运营实施及改进<br>③全方位收集用户反馈信息，不断完善提高 | 待续 |

（二）项目分工

项目建设办公室负责顶层设计、项目组织管理协调等工作，并负责项目整体建设进度与质量；子项目牵头单位通过招标产生，负责课程、素材、标志性资源等子项目的统筹规划、组织协调，并对子项目建设进度和质量负责。合作单位由子项目参与学校、参与企业、参与职业组成，负责子项目的建设工作，保质保量地完成建设任务。同时，各子项目可根据需要广泛吸纳其他单位和个人参与项目建设（图 9-5）。

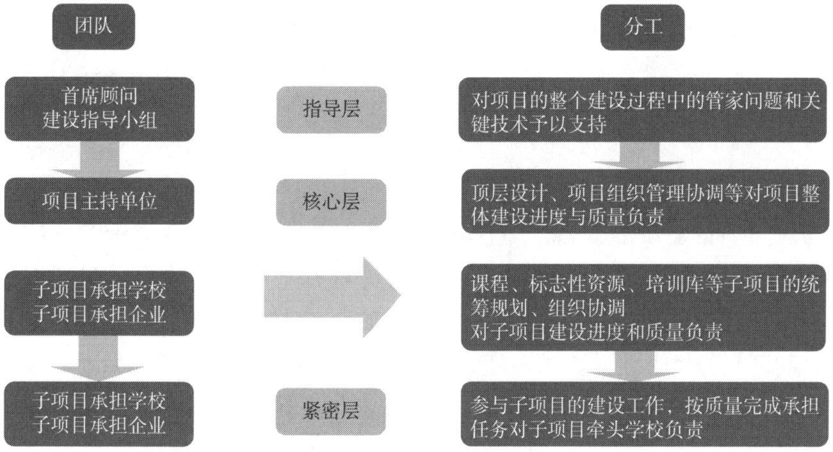


**图 9-5　教学资源库建设团队任务分工结构图**

## 八、保障与激励

（一）组织保障

为保障项目的顺利进行，项目组进行了科学合理的组织设计与分工协作。

设项目建设指导小组，负责进行高水平顶层设计、策划，把握方向，实现目标；设项目建设领导小组，对教学资源库建设进行具体实施，在项目建设过程中提出可行性建设方案和意见，制订具体建设计划，建设措施，提出资金使用及分配意见；设项目开发团队，充分考虑联合单位组成情况和项目建设分工需要，分成专业资源建设组、技术保障组、应用推广组、项目资金管理组、质量监督组、纪检监督组等，进行项目实施。

整个项目建设组织机构结构清晰，分工协作，任务明确，实行教学资源项目负责制及绩效考核，保证项目按时、保质、保量完成，达到预定建设目标（图 9-6）。

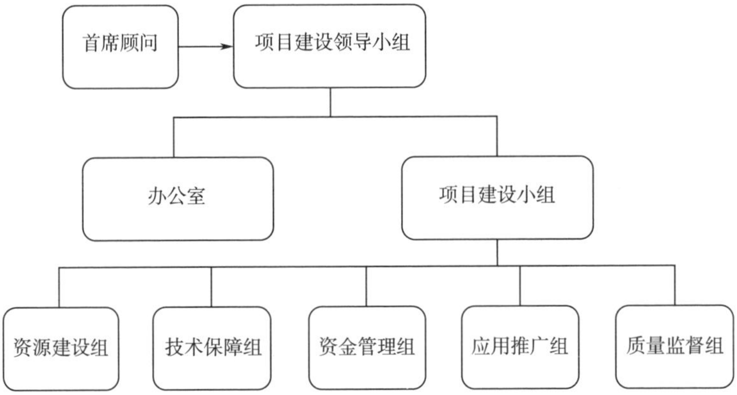


**图 9-6　项目建设组织机构图**

（二）制度保障

为保障项目建设的规范、有序进行，通过借鉴国家级教学资源库建设的成功经验、好做法，在广泛征求联建单位的意见基础上，建立了包括《专业教学资源库建设项目专项资金使用与管理实施细则》《专业教学资源库建设项目监督制度》《专业教学资源库建设项目知识产权管理办法》《专业教学资源库建设项目推广使用绩效考核管理制度》《专业教学资源库建设项目更新制度》等在内的一系列制度。根据资源库建设需要，不断修订、完善这些制度、办法，促进项目建设有序、高效推进。

（三）经费保障

1. 多渠道筹措资金

本专业教学资源库建设经费总预算为 890 万元，全部为院校自筹。

2. 合理安排预算

本着“以收定支，量入为出，保证重点，兼顾一般”的原则，严格执行经费预算，加强教学资源库建设项目经费预算执行跟踪，指导各部门采取积极有效措施，按计划执行预算，保证资金规范、安全和高效使用。

3. 严格资金管理

加强资金使用过程监督。制定《文秘专业教学资源库项目专项资金使用与管理实施细则》，严格按照项目建设投资计划支出，合理有效使用各项建设经费，对建设项目的实施、资金投向及资金调度安排、资产购置实行全过程管理，确保专项资金使用的严肃性、合理性和有效性，使资金发挥最大效益，凡纳入政府采购项目的，必须按照《中华人民共和国政府采购法》及学院的相关规定执行。要求各子项目建设单位定期将建设经费支出情况按预算科目编报财务决算，定期公布经费使用情况，确保项目建设资金合理、合法、合规使用。

（四）技术保障

在资源库运行平台技术上采用面向服务的方式进行架构，使系统具有较强的可扩展性和通用性。由“智慧职教”负责技术指导，为资源库建设的核心技术问题提供支持。联建院校信息中心全力参与资源库建设。部分颗粒化资源建设通过公开招标方式委托社会具有实力的软件开发公司进行制作。

（五）质量保障

为确保资源库资源建设质量与网络化平台运行质量，项目建设严格按照《文秘专业教学资源库质量监督管理办法》进行质量管理。建立由项目负责人对资源质量的源头审核机制。项目主持单位联合“智慧职教”应用数据分析技术定期对资源库应用环境、资源建设质量、资源应用质量开展自评和审查，对不合格资源强制下架，并对项目负责人进行问责，项目建设责任单位对建设资源的合法性、科学性、教育性、技术性、艺术性及知识产权负责，确保资源建设与应用质量。

（六）过程管理

为配合项目建设过程实施动态管理和过程监控，项目建设实施定期汇报与评估制度。所有子项目负责人均按照建设计划的时间节点对建设进度、建设经验等方面进行总结，定期向项目建设办公室汇报；项目建设办公室组织专家对项目的建设情况进行全面的评估，对项目的后期建设提出相应的指导与建议，从而保障任务能够按照时间节点要求顺利完成。

项目建设实施及时验收和考评机制。对于已完成的阶段性项目，及时组织专家进行阶段验收，并对方案执行情况和项目的实际效果定期进行绩效评估与考核，形成评估结论，并提出改进建议。对于未按照进度完成的项目，专家委员会针对项目建设的具体情况对后续的建设情况提供指导；对未经领导小组同意擅自更改建设项目内容的情况，项目建设办公室将终止该项目的建设任务，对项目负责人按规定追究相应责任。

（七）知识产权

建立知识产权保障制度。加强项目建设过程的知识产权教育与管理。在项目建设的全过程持续进行国家知识产权法律法规宣传，提高知识产权意识。明确项目建设成果归国家所有，确保使用国家财政拨款形成的项目成果无偿开放共享，参与单位与参与人享有署名权，项目验收后的持续更新部分的知识产权归参与单位的参与人所有。在资源制作阶段，强调资源制作的原创性，明确资源著作人与资源使用者的权利与义务。在资源上传与运用环节严格过程审核，设定使用权限，避免产生纠纷。在资源下载与应用环节，严格分配与管理用户权限，防止资源的非法下载和传播。通过严格的成果评审、知识产权登记、资源制作与使用的“实名制”、科学的分级授权等措施，加强项目知识产权管理。

（八）激励制度

1. 落实参建院校建设权益

充分发挥建设院校的主观能动性，将资源库使用权限、资源库创收等切实利益与资源持续更新挂钩。持续监测资源更新情况，对于在资源更新方面做得比较出色的参与院校给予收益份额或享受优质教学资源使用权限，促使更多的参建院校承担资源后期更新的主体责任。

2. 保障教师资源更新权益

资源库项目的推动力主要源自行政力量，教师是教学资源库建设、使用和维护的直接负责人，其主动性直接关乎资源库资源的质量和更新的速度。

对于那些负责教学资源库持续更新而投入大量时间和精力的教师，根据资源更新水平给予相应的教学工作量认定、绩效考核奖励或项目课题专项经费支持。参与资源库建设的教师，各参建院校要将其作为职称评聘的重要参考条件。

3. 完善企业共建共享机制

行业企业是行业标准和技术支持的主要提供方，一方面参与院校应密切联系行业企业，使资源内容尽可能地贴近实际岗位，满足在校学生教学需要，另一方面应进一步开放教学资源，将之打造成为企业员工培训和技能积累的重要平台，并根据企业参与程度确定资源共享权限以吸引企业深度参与资源更新。

为参建企业员工设立终身学习账户，为其员工职业能力提升和企业人力资源升级提供专业教育教学资源平台，从而帮助企业节约教育培训成本。此外，在校学生、社会人员等既是资源的使用者，同时也是资源的建设者，理应担负与之相适应的资源更新责任。

## 九、项目预期成效

建成的教学资源库是一个具有国际视野、代表中国标准，以学习者为中心的交互式、共享型专业资源库，能够充分满足全国文秘专业教学需要，服务“一带一路”倡议，实现跨区域、跨院校、跨职业企业的资源共享，能够在任意时间和地点通过网络平台与手机客户端为用户提供良好的针对性、互动性和无界化的便利服务，充分满足用户的多方需求，为教学资源库建设提供范例。

（一）加快职业教育信息化建设，助力职业院校诊改

文秘专业教学资源库将力争在微课、网络教学、翻转课堂，线上线下混合式教学等方面做出有益探索和实践，教师通过资源库进行课程教学，能够实现信息技术与教学的深度融合，通过真实、实时收集数据，利用数据挖掘技术对数据进行分析，院校能够及时准确地掌握教师、学生的课堂活动，教师能够及时准确地掌握自己的授课效果，学生能够及时准确地掌握自己的学习情况，院校、教师、学生均能够及时发现教学中存在的问题，从而实时进行诊改，提高教学质量，进而提升高职院校核心竞争力。

（二）引领职业院校教学方式方法变革，提高教学质量

建成的资源库能够使文秘专业教师接触到新技术、新应用，提升教师的专业知识水平；为教师提供丰富的教学素材；促进教师更新教育理念，创新教学思维，推动职业院校教与学习方式方法的变革，提高人才培养质量。

目前，全国200余所中高职院校开设了文秘专业或方向，建成的专业教学资源库能够集中相近专业的师资力量，整合专业教学资源，促进专业融合，降低办学成本，提高办学效益，提升文秘专业的人才培养质量。

（三）拓宽学生学习渠道，转变学习方式

该资源库的建成将有效拓宽学生学习渠道，使学生学习突破了时间和空间的限制，为学生提供多种教学方法和多元化的评价方式，引导学生转变学习方式，使学生能够根据需要进行积极、主动，有针对性地学习，从而提升

学习效率。

（四）满足企业员工继续教育需求，服务学习型社会建设

建成后的资源库能够为企业在职人员和社会自主学习者提供优质学习资源，以便捷的方式和个性化的用户体验，供社会学习者进行培养、培训和自主教育使用。这种突破学习时间和空间限制的方法，满足了他们通过多种形式接受继续教育的需要。这将使国内数百万文秘从业人员和社会自主学习者受益。从业人员通过提升专业技能水平，不断提高生产效率，并为企业节省大量的培训时间，从而提高企业的生产效益。同时，资源库能够为服务“一带一路”、终身教育体系的建立、全面建设学习型社会做出重要贡献。

# 第十章 职业教育文秘专业教学资源库建设的目标—效用

教育部关于专业教学资源库总体的目标设定是引导专业教学建设、达到建设效用的前提。随着“互联网+”时代的发展，总目标要求从“共享教学资源”到“辅教辅学”再到“能学、辅教”，不停发生变化和演进。教学资源库建设必须顺应形势，将资源库建设从“课本上网”变成以用户为中心的“能学、辅教”，这一转化过程意味着资源库建设从目标到效用都将发生深刻的变化。

当下，对资源库建设目标的认识与具体的效用上，依然存在着一定问题。如果把资源库建设定位为“围绕学科教学服务而生产的教育产品”的话，那在建设和应用上则尤其需要考虑到产品用户的需要。截至 2020 年 7 月 1 日，从建设主体看，目前在建 203 个教学资源库，牵头单位共 281 个，其中高职院校 255 所、中职院校 3 所、行业单位（教指委）19 个、企业单位 4 个，职业院校占 91.80%、行业企业单位占 8.2%，高职院校占据绝对优势；从用户上看，学生和教师用户合计 1335 万，占比达到 95.80%；社会学习者和企业用户合计 59 万，占比 4.20%。这一数据表明，在资源库的实际建设上，高校依然是建设与应用的主体，企业与社会参与度较低；资源应用也主要是高校教师课堂的补充，距离资源库面向全社会的“能学、辅教”目标，依然有着不小的差距。

“互联网+”时代，确定资源库“能学”的目标，理顺具体方法和路径，找到合适的保障机制，是资源库“目标—效用”建设的主体内容。当下，所有的专业都有将专业技能与互联网技术结合，实现专业技能信息化更新的需要。以文秘专业为例，一方面随着现代信息技术的发展，企业纷纷改进办公手段，引入各类现代办公软件，实现信息一体化处理，并对信息进行收集、处理，形成单位内部的大数据应用，这就需要文秘专业充分理解并掌握利用各类现代信息化技能；另一方面，大数据时代，文秘职责范围更广，需求更旺盛，必须读懂时代需求，顺应时代变化，深化人才培养内涵，提升人才培养效果，适应广泛的社会需求。文秘教学资源库建设，作为典型的互联网时代“教与学”的全新模式，对此进行了深入探索与实践。本章将以文秘国家教学资源库建设为例，探讨如何有效地建设资源库的“目标—效用”体系，从而将“能学辅教”真正落到实处。

## 一、专业教学资源库建设总目标演变及内涵分析

专业教学资源库建设，从其本质上来说，是将互联网与传统专业相结合，实现时时可学、处处可学的泛在学习，但学习时空的变化必然引起学习内容和手段的巨大变革。教育部先后颁发的资源库建设指导文件，鲜明地体现了随着认识的深化，对资源库的建设目标有了更切合在线学习的要求。认真梳理资源库的建设总要求，是建设高质量资源库的必要条件。

2006 年，教育部、财政部联合印发了《教育部 财政部关于实施国家示范性高等职业院校建设计划加快高等职业教育改革与发展的意见》，提出了“研制并推广共享型教学资源库，为学生自主学习提供优质服务，为人才培养和构建终身学习体系搭建公共平台”。其关键词为“共建共享”“优质服务”“公共平台”，着眼点在于资源的上网和平台的构建，如果将整体项目分为建设前期、中期和后期，这一要求主要着眼于前期和中期，而对于建设的后期及项目的效用则强调不多。

2014 年，教育部印发了《职业教育专业教学资源库建设指南（2014）》，第一次从效用上明确了资源库“辅教辅学”的定位。这就要求资源库内化为专业学习的一部分，细分线上教学和线下教学不同的特点与优势，实现二者的有机融合。

2016 年，教育部印发了《职业教育专业教学资源库建设工作指南（2016）》，该文件再次提升要求，将资源库定位于“能学、辅教”，这一要求的重点在于“能学”，也就是资源库能为学生、企业与广大社会学习者提供系统的学习资源与学习手段、学习检测，让其成为“终身学习”的一部分。资源库也正式走出了高校校园，其意义在于向社会上广泛传播和渗透。

从以上的变化可以看出，资源库建设正在面临目标的三重深化：一是内容目标上，从“课本上网”转向适合互联网需要的“碎片化资源”。打破传统课堂教学的理论系统性，以场景或者小任务作为目标。二是应用目标上，强调资源库面向社会的开放。它不仅是高校教师辅助教学的一个工具，而且将“能学”范围大大拓展，成为社会广大从业者终身学习的利器。三是平台

服务目标上，将资源建设、平台建设与应用开发有效协同，实现“用者中心制”的转变。

在理解资源库建设目标的基础上，探寻合适的方法，实施有效保障，才能切实实现资源库的建设效用。下面，笔者拟通过文秘专业国家教学资源库的建设实践，探讨如何有效实现资源库的建设效用。

## 二、目标设定：专业现实与网络技术互动互融

资源库建设需要充分考虑到专业特点、专业需要与网络技术充分融合的必要条件与手段。文秘专业的特点，一方面缺少行业的支持，它本身存在于不同的行业中，但具有鲜明的职业特点；另一方面，文秘专业所需要的能力极为繁杂，它的核心能力“办文”“办事”“办会”，每一种都内涵丰富，要求广泛。因此，在设定资源库建设目标时，就必须充分考虑到各类专业现实，从全局的角度全面审视专业资源建设的必要性和可能性，从而有效地规范资源库的建设路径。

### （一）顶层设计与专业现实相结合

建设文秘专业国家教学资源库，要立足专业，放眼全国，在探索专业与互联网结合时，认识到要实现的最终结果并不是“1+1=2”，而是全新教学范式的产生。

首先，新的教学范式需要新的原则与思路。在建设之初，高校就与优质企业紧密合作，组建高水平团队，按照设计一流、结构合理、素材丰富、资源优质、使用广泛、持续更新、深度应用的总原则，来深化资源库的建设。在建设思路上，按照“一体化设计、开放式管理、持续性更新”的要求，来打造文秘专业教学资源库。

其次，新的教学范式体现在线上线下相结合的混合学习模式上。文秘资源库建设过程必须充分利用大数据信息，分析教学全过程，促进全员教学信息化的普及与应用，为本专业各层次院校教育、社会培训、产学研融合、企业技术服务提供“能学、辅教、交流、培训、展示”的一流数字资源和在线学习服务，引领文秘职业发展。

最后，新的教学范式体现在网络平台应用的有效性上。如何优化平台服务功能，必须充分考虑到平台到底需要提供何种服务。面向学习者与教师，文秘教学资源库平台提供自主学习、在线测试、互动交流、咨询分析、推广应用、智能组课、数据分析、个性化推送等功能模块。优化资源库跨平台兼容能力，通过 PC 机、手机、PAD 等多终端，实现线上线下的混合式教学改

革与创新。通过文秘资源库的建设，实现教师的教学理念从传统课堂教学到现代信息化课程教学的转变，将现代信息技术作为教师能力的有效延伸和扩展，并结合教师的教学内容和个人的传统素养，实现课堂教学目标的提升和跨越。从教学方法上看，将传统的较为紧张的师生互动转化为人机互动，将简单机械劳动交付给信息化手段，将教师的精力主要用于内容的更新和教学目标的精细化上。从学习方式上，将学习与生活结合得更紧密，将课上时间的互动与课后的碎片化学习高度结合，从而提升学生的学习效果。

在建设有效的线上平台的同时，文秘国家资源库在搭建线下推广与应用平台上也进行了一系列探索。具体而言，则是以文秘专业资源共享联盟为平台，通过加强项目团队建设，推动专业教学改革与创新，提高人才培养质量，增强社会服务能力。

（二）目标导向和运行机制相结合

确立文秘资源库建设目标的前提是厘清专业的基本情况，这涵盖了专业建设、课程开发、实训应用等方面内容。为提高资源库的先进性和实用性，我们前期对相关企业文秘典型工作岗位进行了广泛调研，深入分析了企业典型工作任务与职业能力要求，并在此基础上修订完善了国家文秘专业教学标准，开发了人才培养质量考核标准，为文秘专业国家教学资源库的建设做好了充分的前期准备。

具体而言，文秘资源库建设通过完善“资源共建共享联盟”运行机制，以满足“用户学习与体验需求”为导向，优化“一个平台、四大中心、六大模块”的资源库整体架构；以满足“用户学习与体验习惯”为目标，完善手机 App、门户网站、学习平台的使用功能，满足用户“能学、辅教、交流、培训、展示”的需求。

在具体运行机制上，我们明确了以下几点：其一，构建开放式管理平台，实现知识点的交叉访问；其二，建立个性化学习资源主动推送支持系统，优化素材库管理；其三，应用扫码扫图技术，支持线上线下混合教学，完善学习中心应用功能；其四，基于云技术、社区化模式，开发多终端数字教学空间，支持碎片化、个性化学习，支持移动学习与协作学习。

在具体建设上，根据“线上线下”教学要求，建立了完善的标准化课程；根据企业岗位需求，建设了个性化培训模块；完善资源库联盟的应用推广制度，借助多方平台，采用校际学分互认、会议活动推广、培训活动推广、互联网推广等各种推广手段，确保了资源库在职业院校教学活动中、在企业技术培训活动中广泛应用、全面推广。

## 三、效用实现：应用机制与应用平台互相促进与保障

从资源库的“目标”设定，到资源库的“效用”实现，重要的支撑和保障是推广应用手段的选择。在文秘国家资源库的建设过程中，对此进行了切实的探索，取得了一定的成效。

文秘资源库高度重视制度建设。我们完善了《资源库项目管理办法》《资源库项目专项资金使用与管理实施细则》《资源库共建共享联盟章程》《资源库学分互认管理办法》《教师信息化能力培养与考核办法》等项目建设与应用推广制度，让资源库的所有建设与应用都有章可循。

## 四、文秘教学资源库建设的效能与效用

截至 2021 年 4 月，文秘国家教学资源库上线运行约两年时间。建成的教学资源库，总体上达到了具有国际视野、代表中国标准，以学习者为中心的交互式、共享型专业资源库的要求，能够充分满足全国文秘专业教学需要，实现跨区域、跨院校、跨企业的资源共享；能够在任意时间和地点通过网络平台与手机客户端为用户提供良好的针对性、互动性和无界化的便利服务，充分满足了用户的多方面需求。

（一）资源自由组合，覆盖范围遍及全国

文秘专业教学资源库总共建设课程 26 门，但个性化课程高达 929 门（图 10-1）。这是因为资源库的资源利用可以被自由组合，广泛利用，通过微课、网络教学、翻转课堂、线上线下混合式教学等多种多样的形式，实现了信息技术与教学的深度融合。

个性化课程的广泛开发，使得文秘资源库建设的资源得到了广泛而充分的应用。一方面，资源库提供的教学资源及相关的教学数据，可以让院校能够及时准确掌握教师、学生的课堂活动。教师能够及时准确掌握自己的授课效果；学生能够及时准确掌握自己的学习情况；院校、教师、学生均能够及时发现教学中存在的问题，从而实时进行整改，提高教学质量，进而提升高职院校的核心竞争力。另一方面，资源库个性化课程的广泛开设，可以引领职业院校教学方式方法变革，提高教学质量，建成的资源库能够使文秘专业教师接触到新技术、新应用，提升教师的专业知识水平，为教师提供丰富的教学素材，促进教师更新教育理念，创新教学思维。

（二）满足各类人员继续教育需求，服务学习型社会建设

目前，文秘国家教学资源库虽然依然以在校学生的学习为主，但其他各

**课程详情**　课程名　授课教师　学校名称

| 课程名 | 主持教师 | 全部 | 资源数 | 学生数 | 日志总数 | 全部 | 所属单位 |
|---|---|---|---|---|---|---|---|
| 文书工作实务 | 贺义宏 | 个性化课程 | 122 | 237 | 15625 | 职教云2.0 | 六安职业技术学院 |
| 办公自动化 | 胡勇成 | 个性化课程 | 372 | 57 | 4872 | 职教云2.0 | 江西新能源科技职业学院 |
| 应用文写作 | 刘合美 | 个性化课程 | 164 | 91 | 9942 | 职教云2.0 | 石家庄科技工程职业学院 |
| 演讲与口才 | 杨晓丽 | 个性化课程 | 191 | 55 | 2822 | 职教云2.0 | 山东商务职业学院 |
| 中华优秀传统文化 | 王乐 | 个性化课程 | 148 | 121 | 5096 | 职教云2.0 | 荆门职业学院 |
| 办公自动化与软件应用 | 王治 | 个性化课程 | 67 | 97 | 3 | 职教云2.0 | 长沙民政职业技术学院 |
| 大学语文（模块B）口才与写作 | 杜娟 | 个性化课程 | 202 | 464 | 20309 | 职教云2.0 | 南京旅游职业学院 |
| 办公自动化技术 | 邵伯乐 | 个性化课程 | 407 | 65 | 1345 | 职教云2.0 | 亳州职业技术学院 |
| 办公软件 | 于湘琳 | 个性化课程 | 372 | 153 | 14672 | 职教云2.0 | 沧州渤海中等专业学校 |
| 应用文写作 | 赵旭 | 个性化课程 | 182 | 29 | 5025 | 职教云2.0 | 黑龙江建筑职业技术学院 |

共929条　每页显示 10 条　上一页 1 2 3 4 5 ... 92 93 下一页 到 1 页 确定

**图 10-1　文秘专业国家教学资源库个性化课程图**

种类型的学习者也广泛存在，并取得了良好的学习效果。这些学习者遍布社会各个职业，既有下岗职工，也有新型职业农民和退役军人，还有农民工、应届普通高中毕业生等。这其中要引起关注的是其他难以归类的社会各种职业的学习者，在文秘专业资源库的学习者中达到了 10763 人，说明文秘专业资源库的应用遍及社会的各个层面（图 10-2）。

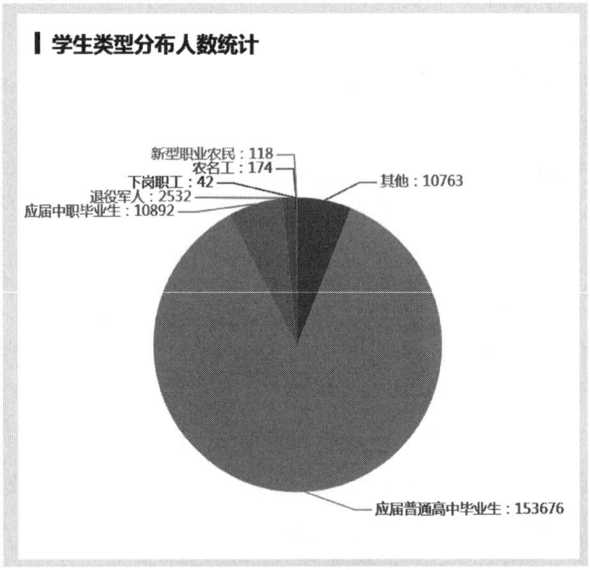


**图 10-2　文秘国家教学资源库学生分布类型图**

资源库之所以能被广泛学习，主要原因在于它可以为企业在职人员和社会自主学习者提供优质的学习资源，以便捷的方式和个性化的用户体验，供社会学习者进行培训和自主学习，突破学习时间和空间的限制，满足他们接受多种形式的继续教育的需要。同时，从业人员通过提升专业技能水平，不断提高生产效率，并为企业节省大量的培训时间，从而提高企业的生产效益。这使得文秘教学资源库的建设与应用走出了学校的范围，取得了良好而广泛的社会效果。

（三）服务中西部，提升教育公平

文秘专业国家资源库的建设，其效用还在于集合全国优质资源，打造的平台提升了全国文秘专业的技能教学与应用的水平。

在资源的利用上，虽然参与建设的院校只有 11 所，且主要集中在东部发达地区，但对资源进行调取与应用单位却高达 2308 所，其中各类院校超过 1500 所，且主要集中于中西部地区，也就是说，通过资源库的建设，有效地缩小了发达地区与欠发达地区的差距，为教育公平做出了贡献（图 10-3）。

按院校分布详情　　院校名称　查询

| 序号 | 学校名称 | 总人数 | 教师总人数 | 教师活跃人数 | 学生总人数 | 学生活跃人数 |
|---|---|---|---|---|---|---|
| 1 | 浙江金融职业学院 | 6753 | 36 | 26 | 6715 | 6306 |
| 2 | 安徽商贸职业技术学院 | 5086 | 36 | 25 | 5049 | 4979 |
| 3 | 河北建材职业技术学院 | 4566 | 2 | 2 | 4564 | 4478 |
| 4 | 河南经贸职业学院 | 4140 | 17 | 15 | 4119 | 2972 |
| 5 | 湖南工程职业技术学院 | 3984 | 19 | 19 | 3965 | 3881 |
| 6 | 湖南生物机电职业技术学院 | 3863 | 8 | 8 | 3854 | 2175 |
| 7 | 广西交通职业技术学院 | 2854 | 35 | 34 | 2819 | 2735 |
| 8 | 新疆现代职业技术学院 | 2559 | 1 | 1 | 2558 | 2266 |
| 9 | 咸宁职业技术学院 | 2475 | 21 | 20 | 2454 | 1457 |
| 10 | 长江职业学院 | 2411 | 14 | 14 | 2397 | 2383 |

上一页 1 2 3 4 5 … 230 231 下一页 到 1 页 确定　共 2308 条记录

图 10-3　文秘国家教学资源库应用学校图

在信息技术革命不断深入的背景下，文秘教学资源库根据“能学、辅教”“以用户为中心”的总体目标，从专业现实出发，进行顶层设计，并采用多种措施保障目标实现，最终在其效用上达到了集中优势资源，促进教育公平的目的。文秘教学资源库作为一个样本，为“互联网+”时代专业与信息技术的结合，提供了一定程度上的借鉴与参考，其意义与价值随着时间的推移，将会有着更明确、更深刻的体现。

# 本篇附件

附件 1　文秘专业教学资源库项目管理办法
附件 2　职业教育文秘专业教学资源库项目专项资金使用与管理实施细则
附件 3　文秘专业教学资源库知识产权管理办法
附件 4　文秘专业教学资源库质量监督管理办法
附件 5　文秘专业教学资源库共建共享联盟章程
附件 6　文秘专业教学资源库学分互认管理办法
附件 7　文秘专业教学资源库新技术应用推广管理办法
附件 8　文秘专业教学资源库教师信息化能力培养与考核办法
附件 9　网络教学（网络公选课）教师工作量认定暂行办法

## 附件 1　文秘专业教学资源库项目管理办法

### 文秘专业教学资源库项目管理办法

#### 第一章　总则

第一条　根据教育部《关于印发〈高等职业教育创新发展行动计划（2015—2018 年）〉的通知》（教职成〔2015〕9 号）、《关于做好职业教育专业教学资源库 2019 年度相关工作的通知》（教职成厅函〔2019〕11 号），结合项目实际情况，特制定本管理办法。

第二条　资源库建设项目管理办法的管理目标是科学、规范、有序地实施项目建设，高质量、高标准地实现各个建设时期的预定目标，为用户提供代表本专业最高水平的整套专业核心课程，建设代表国家水平、具有高等职业教育特色的教学资源库。

第三条　资源库建设项目管理办法要按照“高标准、严把关、抓质量、多样性”的要求，通过顶层设计，依据建设思路、步骤规划进行建设，实施项目精细化管理。

第四条　资源库建设项目管理办法的管理内容包括项目的规划、实施、协调、统计、检查、评估、验收以及建设资金的管理等。

## 第二章　管理机构与职责

第五条　本项目的建设过程实行项目负责人制，在项目负责人的领导下加强协调。本项目组织架构如下：项目建设管理委员会—项目开发团队—秘书处。此外，设立文秘专业教学资源库项目建设顾问和项目建设指导小组。

（一）项目建设顾问：由全国知名的专家、文秘行业的资深技术人才组成，确保文秘专业教学资源库建设内容既保持战略高度，又具备操作性，使资源库建设真正实现行业权威、适度前瞻；

（二）项目建设指导小组：由文秘专业的专家、经验丰富的教学管理人员和技能水平高的专业教师组成，负责为项目建设提供宏观政策咨询，对项目建设全程跟踪指导，并对建设计划具体实施方案适时调整提出建议；

（三）项目建设管理委员会：由项目主持人及各项目组负责人组成，职能包括确定项目建设总体规划及实施方案、项目建设计划及管理办法；确定经费预算方案、决算方案；调整项目建设内容及计划等；

（四）项目开发团队：是本项目的具体开发实施团队，具体承担专项资金管理、项目建设、平台技术管理、质量监督等工作；

（五）秘书处：承担本项目的日常管理与协调工作。

第六条　项目负责人履行以下职责：

（一）组织带领项目组成员根据项目建设任务书中的预期目标和验收要点，完成各项建设任务，保证建设进度和建设质量；

（二）研究解决、及时报告项目建设过程中出现的问题；

（三）对项目建设过程中形成的有关档案，要及时整理归档。

在项目建设期间，项目负责人应保持相对稳定，在项目执行过程中一般不能调动工作或长期出国。因特殊原因变更项目负责人，需经项目领导小组批准。

## 第三章　建设方案管理

第七条　资源库建设项目一经教育部和财政部批准，必须严格按照建设方案执行。

第八条　任何部门、任何人不得擅自修改经教育部和财政部批准的建设项目和方案，因特殊情况或不可抗拒因素，确需变更方案的，由项目承办部门提出修改意见，经项目组负责人审批后，由项目领导小组上报教育部和财政部。

## 第四章　资金筹措与管理

第九条　文秘专业教学资源库建设专项资金来源包括中央财政专项资金、地方财政配套专项资金和学校自筹资金等。

第十条　专项资金实行各项目组统一管理、集中核算、专款专用、专账管理，任何部门和个人不得擅自截留、挤占和挪用专项资金。

第十一条　统一制定《文秘专业教学资源库建设项目专项资金使用与管理实施细则》。各项目组必须严格执行国家财政、财经法规和《文秘教学资源库建设项目专项资金使用与管理实施细则》规定，切实加强项目资金预算、审批、使用和决算管理。

第十二条　资源库专项资金实行定期检查、审计制度，各有关承担项目组、人员应自觉接受财政、审计等有关部门的监督和检查。

## 第五章　项目实施与管理

第十三条　资源库建设项目承担人员和单位要按照建设项目的规定，负责项目实施，并配合做好项目监控、项目审计、项目验收等工作。

第十四条　实施过程中，项目出现重大情况需调整的，项目承担人员和单位应向项目领导小组报告。对不能完成目标的项目，由项目领导小组提出处理建议。

第十五条　项目实施达到项目预期目标后，项目组应及时做好项目验收准备工作，并向项目领导小组提出项目验收申请，并做好迎接教育部和财政部验收的准备工作。

第十六条　建立项目日常管理网络，实施信息报告制度。各项目建设承担单位和项目负责人定期报告项目建设进度，及时反映存在的问题，向项目领导小组提交包括项目进度情况、存在的问题、解决问题的具体措施和处理意见等内容的项目进展情况报告。

第十七条　项目承担单位和人员要妥善保管有关项目建设的档案材料，并及时归档和上报秘书处。

## 第六章　监督与考核管理

第十八条　资源库建设项目实行全程监控制度，各项目建设承担单位和项目责任人要严格执行建设进度，项目领导小组会对每个建设项目进行跟踪检查和考核。

第十九条　检查、考核的主要内容为项目进展情况和目标完成情况，具体内容包括：项目的实施情况、工作目标完成情况、项目进度、项目团队管理、项目效益等。

第二十条　对不能如期完成工作目标，由于实施不力造成一定后果的，对协作不力的承担单位、部门和责任人，视情节轻重和责任大小，停止后期建设资金。

第二十一条　审计、纪检等部门依据职能分工进行监督检查。项目承担单位和个人应接受监督检查并予以配合。

### 第七章　知识产权保护

第二十二条　资源库建设项目在实施过程中所产生的重要成果和知识产权，按照《职业教育专业资源库建设工作指南（2016）》的要求，严格遵照《中华人民共和国知识产权法》进行成果登记。选用他人资源的应注明出处，因此导致侵犯他人知识产权的，由本人承担全部责任，并承担因此可能给项目建设造成的损失。

### 第八章　附则

第二十三条　本办法未尽事宜，由资源库建设项目领导小组根据有关文件和具体情况研究决定。

第二十四条　本办法自公布之日起执行。

## 附件 2　职业教育文秘专业教学资源库项目专项资金使用与管理实施细则

## 职业教育文秘专业教学资源库<br>项目专项资金使用与管理实施细则

### 第一章　总则

第一条　为加强文秘专业教学资源库（以下简称“资源库”）建设资金的管理，保证专业教学资源库建设资金建设项目顺利实施，合理、规范、有序地使用本建设资金，提高项目资金使用效益，根据《职业教育专业教学资源库建设资金管理办法》（教财厅函〔2016〕28 号）及国家相关专项资金管理的规定，结合学院与项目建设实际情况，制定本实施细则。

第二条　建设资金来源为项目筹措资金。项目筹措资金由项目主持单位或地方财政投入资金、行业企业支持资金以及相关院校自筹资金组成。项目第一主持单位是项目资金使用与管理的第一责任单位，对建设资金使用与管理的真实性、规范性、安全性和有效性负责。联合主持单位和参与建设单位接受第一主持单位的指导和监督。必须严格执行国家有关财政、财经法规和本细则规定，切实加强建设资金管理。

第三条　建设资金的使用与管理坚持“统一规划、分级管理、专款专用、专账核算、注重绩效、问效问责”的原则。

## 第二章　管理机构与职责

第四条　成立资源库建设领导小组（以下简称“领导小组”）。领导小组由项目主持单位主要校领导为组长，项目主持单位分管教务、财务校领导、行业知名专家为副组长，以及参与建设单位负责人、财务专家、教育专家、信息技术专家、行业专家等组成。领导小组下设项目建设办公室，承担领导小组的日常工作事务。办公室主任由资源库项目执行主持人担任，副主任由财务负责人担任。

第五条　领导小组在资金筹措、使用与管理方面的主要职责。

1. 审核资源库建设内容和资金预算是否符合资源库建设的相关规定，并上报项目主管部门批准。

2. 负责协调与处理资源库建设中资金配套、参与建设单位及其他可能出现的财务问题。

3. 负责审核资源库年度建设内容与预算资金安排。

4. 检查与督促项目组与参与建设单位及时完成建设任务，规范使用资金，确保实施绩效。

第六条　资源库建设资金实行项目负责制。项目主持单位指定项目总负责人，参与建设单位每单位指定一名子项目负责人，各项目负责人对建设资金全面负责并定期汇报资金使用情况，对资金使用的合法性、合理性和有效性实施全面负责。

## 第三章　预算管理

第七条　项目第一主持单位是预算编制和执行的主体，要严格按照职业教育专业教学资源库建设项目预算管理的要求，对预算编制的全面性、完整性、真实性和预算执行及结果负责。

预算由收入预算和支出预算组成，坚持目标相关性、政策相符性、经济合理性的编制原则，按照功能分类和经济性质分类编制收支预算。项目预（决）算纳入单位预（决）算管理。

第八条　项目总预算要与年度预算相匹配。项目第一主持单位应当按项目实施单位分别设定委托业务绩效目标；支出规划应反映不同来源资金按照经济业务事项和经济性质分类编制。

第九条　项目总预算一经确定，原则上不予调整。确需调整的，须按程序向项目第一主持单位所在省份教育行政管理部门提出申请并报教育部备案。预算调整方案应当说明预算调整理由、项目和金额，所有的调整都必须符合建设资金开支范围和相关财经法规的规定。

第十条　项目第一主持单位要加强对预算执行的领导，项目实施单位要加强对预算收入和支出的管理，共同按照《任务书》的约定，确保预算资金及时足额到位。项目资金必须专款专用，不得截留、挪用项目预算收入，不得擅自扩大支出范围，不得虚假列支。

第十一条　项目主持单位要在批复的预算控制数内，按期启动项目建设，严格按照项目预算和规定管理使用资金，加强预算控制。所有项目实施单位的项目建设资金要按来源渠道进行专项管理，做到专账核算，确保专款专用。

第十二条　执行建设资金预算季报制，项目第一主持单位每季度汇总各项目实施单位预算执行情况并如实填写《职业教育国家级专业教学资源库建设资金预算执行季报表》，于下一季度 5 个工作日内报备教育部。

## 第四章　支出管理

第十三条　资源库建设资金用于与专业教学资源库建设相关的素材制作、企业案例收集、课程开发、特殊工具软件制作、应用推广、调研论证及其他直接费用支出。按照经济性质分类，相应在咨询费、印刷费、差旅费、会议费、培训费、专用材料费、委托业务费、其他商品和服务支出、专用设备购置费、信息网络及软件购置更新等会计科目中归集与核算。

1. 素材制作：是指在制作资源库文本、微课、视频、动画等相关素材过程中产生的直接费用支出，包括咨询费、印刷费、差旅费、会议费、培训费、专用材料费、委托业务费、其他商品和服务支出、专用设备购置费、信息网络及软件购置更新等。

2. 企业案例收集：是指收集和制作企业案例过程中产生的直接费用支出，包括咨询费、印刷费、差旅费、会议费、培训费、专用材料费、委托业务费、其他商品和服务支出、专用设备购置费、信息网络及软件购置更新等。

3. 课程开发：是指课程开发建设过程中发生的直接费用，包括咨询费、印刷费、差旅费、会议费、培训费、专用材料费、委托业务费、其他商品和服务支出、专用设备购置费、信息网络及软件购置更新等。

4. 特殊工具软件制作：是指为有效使用资源库而发生的特殊工具软件购置或制作费用，包括咨询费、印刷费、差旅费、会议费、培训费、专用材料费、委托业务费、其他商品和服务支出、专用设备购置费、信息网络及软件购置更新等。

5. 应用推广：是指资源库项目建设交流展示、新媒体推广宣传费等费用。

6. 调研论证：是指项目建设过程中校际和产业基地本专业资源建设发展状况、国内外行业、企业发展状况，以及资源规范调研、制定等相关调研发生的费用。

7. 专家咨询：是指资源库建设过程中聘请专家提供咨询、指导、鉴定等相关服务的费用。

8. 其他与资源库建设直接相关的费用支出，包括专项审计、多元评价等产生的费用。

第十四条　建设资金用于专家咨询、调研论证的费用严格控制在项目预算总额的10%以内；除“调研论证、素材制作、企业案例收集制作、课程开发、特殊工具软件制作、应用推广”六方面支出以外的“其他支出”原则上不得超出项目预算总额的8%。“专家咨询”“其他”等非直接支出从项目筹措资金中统筹安排。支付专家咨询费金额应严格执行国家和地方相关主管部门的有关规定。

第十五条　建设资金的使用应当按规定的财务程序和审批权限办理，保证建设资金使用的安全性和合理性。报销单上具体内容要如实填写完整，经办人持审批后的报销单及原始单据办理支付结算手续。

第十六条　建设资金的审批、使用，项目主持单位、参与建设单位应分别按照其单位的审批办法、资金管理制度的有关规定执行。

第十七条　项目实施单位要确保项目预算执行进度，按时完成建设任务，达到项目绩效目标。年度未支出的专项资金，严格按照国家有关结余结转规定进行管理。

第十八条　建设资金支出必须严格按资金预算执行，符合项目的开支范围和开支标准。严禁将建设资金用于偿还债务、支付利息、缴纳罚款、对外投资、弥补其他建设资金缺口、赞助捐赠等，不得从建设资金中提取工作经费或管理经费。

第十九条　建设资金中凡纳入政府采购的支出项目，应当按照政府采购及招投标有关规定制定，否则不得列支。

第二十条　凡使用建设资金购建的资产，均为国有资产。各项目都应按照国家有关规定办理验收、登记入账等手续，按照有关规定纳入学校资产统一管理。加强财产管理、合理使用、认真维护，充分提高设备的利用率。

第二十一条　建设资金纳入学校财务统一核算，按资金结算和国库集中支付制度等有关规定办理支付，并专款专用、专账核算。

第二十二条　项目实施单位必须严格执行国家有关财政、财经法规和资金管理相关规定，切实加强项目管理，依照委托项目内容签订合同，严格按照合同支付款项，加强合同管理。项目主持单位、参与建设单位应分别按照其单位的合同管理有关规定执行。

## 第五章　参与建设单位管理

第二十三条　项目主持单位应当逐一与参与建设单位签订合同（协议）进行管理，合同（协议）应明确参与建设单位资源库建设任务、具体的建设内容、资金筹措情况、绩效指标和验收标准等。委托业务绩效目标是合同的重要组成部分。

第二十四条　参与建设单位应当将所承担的子项目资金纳入本单位预（决）算管理和项目管理，确保承诺的自筹资金及时足额到位，专款专用、专账核算。参与建设单位应当于每季度终了后 2 个工作日、年度终了后 3 个工作日向项目主持单位提交有关收支佐证资料和报表。

第二十五条　参与建设单位应当尽心尽职、履行约定，确保项目建设进度和预算执行进度，确保子项目绩效目标的实现。预算执行过程中，若发现子项目绩效目标偏差较大的，建设进度或预算执行进度缓慢的，无预算和超预算列支现象的，存在违规违纪又不及时纠正的项目实施单位，项目主持单位有权终止合同，并上报教育部，建议将其列入异常名录或黑名单。

## 第六章　绩效管理与评价

第二十六条　项目实施单位应当参照《中央部门预算绩效目标管理办法》（财预〔2015〕88 号）精神，以批复的项目建设任务书和项目预算文本确定的绩效目标为依据，组织开展资源库项目的绩效管理工作，增强绩效意识，事前绩效设定，事中绩效监控，事后绩效评价，强化绩效目标管理。

第二十七条　绩效目标设定要能清晰反映预算资金的预期产出和效果，

并以相应的指标予以细化、量化描述，符合“指向明确、细化量化、合理可行、相应匹配”的要求。按照“谁申请资金，谁拟定目标”的工作原则，由项目第一主持单位负责组织填报《职业教育国家级专业教学资源库建设资金项目支出预算目标申报表》。

第二十八条　项目第一主持单位应当依据批复的绩效目标，组织预算执行，并对资金运行状况和绩效目标预期实现程度开展绩效监控，及时发现并纠正绩效运行中存在的问题，力保绩效目标如期实现。绩效过程监控方式包括定期检查各项目实施单位资金使用进度、素材建设情况、课程开发情况、课程使用情况等。

第二十九条　对因预算执行进度缓慢、绩效不理想、财务管理较差以及不按要求季报的项目实施单位，缓拨、停拨或核减专项资金，由此造成的项目建设资金不足部分按立项承诺予以补齐，并上报教育部，建议将其列入异常名录或黑名单。

第三十条　项目主持单位应当委托有资质的第三方中介机构对项目绩效进行综合评价，发表意见。

## 第七章　监督检查

第三十一条　项目实施单位应当加强项目管理的跟踪与督办，对内部控制建立和实施情况进行定期内部监督检查和自我评价。财务、监察、审计部门要对建设资金使用的合理性、审批程序的完整性、建设资金专账管理的规范性、招标采购程序的合法性等进行全程监控。通过事前、事中、事后监督，确保资金使用的合法性和有效性。

第三十二条　项目实施单位应当严格遵守国家财经纪律，主动接受教育、财政、纪检、监察等部门的检查，依法接受外部审计部门的监督，对发现的问题，应当及时制定整改措施并落实。项目实施单位纪检、监察和审计部门应当对项目资金使用与管理监管工作负责。

第三十三条　建设资金的预算和绩效目标，应按照有关法律、法规规定逐步予以公开，接受各方监督。

第三十四条　对项目资金使用与管理应当进行不少于一次的中期内部审计。项目终了，需要聘请具有资质的第三方审计机构对项目进行全面审计，独立发表审议意见，出具项目《审计报告》。参与建设单位须向项目主持单位提供单位法人代表签字、单位盖章的子项目全部建设资金决算报告（须附明细账及承诺资金的到账证明）、管理与绩效情况的详细说明。第三方审计机构须对子项目建设单位提供的相关资料进行职业判断，并对重大事项支出和认为有必要延伸审计的进行延伸审计。项目主持单位须针对项目《审计报告》指出的问题及时整改。子项目资金决算报告、管理与绩效情况和项目主持院校单位负责人签字的整改结果作为审计报告附件一并上报。

第三十五条　建立责任追究制度。对于挤占、挪用、虚列、套取本专项资金的行为按照国家法律法规有关规定进行处理。

### 第八章　附则

第三十六条　资源库所有项目建设单位的资金使用与管理执行本办法，未尽事宜报项目领导小组研究决定。

第三十七条　本办法在执行过程中，若遇到与国家有关规定相抵触的情形，以国家有关规定为准。

第三十八条　本办法由项目主持单位负责解释，自公布之日起实行。

## 附件 3　文秘专业教学资源库知识产权管理办法

### 文秘专业教学资源库知识产权管理办法

### 第一章　总则

第一条　为保护建设单位持有的知识产权，加强知识产权管理，制定本办法。

第二条　本办法所称的知识产权主要涉及专利权、著作权、署名权等有关法律所规定的权利。

（一）专利权：主要包括资源库新技术、新设计的专利实施许可权；

（二）著作权：主要利用建设单位的物质技术条件创作，并由建设单位承担责任的采集、整理、加工形成的文章、图书、图片、音频、视频等职务作品的著作权；

（三）署名权：参与建设的个人对其原创完成的资源享有的署名权。

第三条　资源库建设单位应当采取切实措施加强对知识产权工作的管理，增强资源库使用者知识产权的法律保护意识，维护建设单位无形资产的合法权益。

第四条　资源库的知识产权受国家法律保护，任何组织、个人不得侵犯。建设单位、共建单位及其工作人员，或来自社会、学校的一切使用者，均应遵守本办法。

## 第二章　管理机构和责任

第五条　建设单位与共建单位联合成立知识产权领导小组，由项目第一主持单位负责人担任领导小组组长，下设资源库知识产权管理办公室。知识产权领导小组是资源库知识产权的领导机构，负责对资源库知识产权的宏观管理，其主要职责是：

（一）制定资源库知识产权工作发展的策略及规定；

（二）审查资源库知识产权管理工作的有关办法、工作规划、计划；

（三）指导、检查、监督资源库知识产权管理办公室的工作执行情况；

（四）规划处理与本单位相关的知识产权争议，保护资源库知识产权；

（五）其他有关知识产权的领导、管理和协调工作。

第六条　知识产权管理办公室是知识产权领导小组的下设机构，归口管理知识产权工作，负责处理资源库知识产权管理的日常事务，其主要职责是：

（一）草拟资源库知识产权管理的有关办法、工作规划、计划，组织开展资源库知识产权战略研究；

（二）宣传、普及知识产权知识及有关法律、法规和管理办法；

（三）管理知识产权的申请、注册、登记统计等；

（四）管理日常的知识产权的状况、权属变更；

（五）配合政府知识产权行政管理部门的日常及专项工作；

（六）监理涉外知识产权等有关知识产权问题；

（七）负责对相关人员进行知识产权的专利培训；

（八）协调处理知识产权纠纷；

（九）负责办理、落实知识产权领导小组交办的其他知识产权事务。

第七条　确定1名专职或兼职人员负责知识产权管理办公的日常工作。

## 第三章　评估、备案、保密及保护

第八条　知识产权评估。知识产权属无形资产，建设单位根据实际需要对之加以评估，并在财务会计上反映。

在国内外科技开发、市场交易等产权变更时，必须进行知识产权评估，重大的事项须经主管领导和管理部门批准，报知识产权管理办公室备案。评估报告应当备案保存。

第九条　知识产权查新。建设单位在采集、整理、加工、引用文章、图书、图片、音频、视频等涉及知识产权活动前，相应部门必须进行查新以确定创新是否符合可持续发展战略以及能否产生真正的知识产权。

第十条　知识产权工作备案。对涉及知识产权的有关资料进行备案，主要包括：知识产权转让合同；知识产权评估；涉及知识产权的批准文件；知识产权成果处理方案；知识产权纠纷处理方案；具体的知识产权奖励措施；知识产权会议的决议；知识产权领导小组组成成员、知识产权管理办公室成员名单；知识产权中涉及范围人员名单；知识产权保护承诺书及相关的劳动合同；有关的知识产权规定；知识产权的财务处理等相关资料报知识产权管理办公室备案。

第十一条　知识产权成果归属判定

（一）资源库属于职务作品，建设单位享有资源的著作权，并保证资源内容没有侵犯他人知识产权和其他合法权益；

（二）资源库验收后，更新建设产生的资源著作权由建设单位和个人协商确定。

第十二条　知识产权保密

（一）资源库开发和推广活动期间，应当严格保守商业秘密。不得在公共场所或者利用非保密通信工具传递商业秘密信息和与职务智力劳动相关的信息；

（二）由建设单位确定的商业秘密，在其文件资料或物品上，以明确的警示标示出商业秘密的符号及密级、保密期限。相关的文件资料限于涉密人员接触；参加涉密的会议，采取到会办理签到手续、会后资料交还等保密措施；

（三）任何人不得利用职务、工作之便或采用其他不正当手段，将单位的知识产权擅自发表、泄露、使用、许可或转让；也不得利用在本单位工作所掌握的信息资料为同行业的其他竞争者服务或提供便利；

（四）任何人必须遵守《资源库知识产权管理办法》，并有责任保护资源库知识产权，不得擅自复制、发表、泄露、使用、许可或转让。

第十三条　知识产权合同

（一）与国内外单位或个人进行合作研究或合作开发时，依据《民法典》等法律法规签订书面合同。合同中必须订有保护知识产权的条款；

（二）订立技术合同、专利实施许可合同，必须经过知识产权管理办公室审查，由法定代表人或其委托的代理人签署，其他部门或个人无权签署；

（三）同国内外单位或个人进行著作权等知识产权方面的许可证贸易时，需要签订实施许可合同，并根据许可的权限范围、时间、地域等因素综合确定许可使用费。

第十四条　知识产权保护

各教学单位（部门）、各级领导应充分认识知识产权的重要性，坚决制止、杜绝由不正当行为造成的知识产权流失；充分利用法律规定和结合工作实际，发挥知识产权在竞争中的作用。

（一）建设单位、参建人员、运行平台应商定和签署知识产权保障协议；

（二）建设单位积极进行知识产权登记、备案、申请确权工作。对于不宜采取上述措施但有商业价值的智力劳动成果，应先作为商业秘密予以保护，在确定知识产权保护方式前，不发表成果论文，也不得以委托鉴定、广告、试销、赠送产品等任何方式向社会公开；

（三）严防专利、域名被他人抢注；

（四）各教学单位（部门）积极配合知识产权管理办公室日常跟踪知识产权的登记注册、授权情况，发现可能对资源库知识产权有冲突的情形，应通过知识产权管理办公室采取积极措施，运用法律规定和制度性安排提出异议或启动相应的程序解决；

（五）任何机构和个人，发现侵权或者侵权的可能，应采取积极措施配合知识产权管理办公室在行政执法机关和司法机关的指导下解决问题；

（六）聘请知识产权法律专业的常年法律顾问，对资源库知识产权保护提供帮助。

第十五条　知识产权宣传。设立知识产权宣传、保护基金，用于每年的知识产权培训和宣传工作。对员工制订培训、宣传计划，加强知识产权保护宣传工作。

## 第四章　奖惩

第十六条　智力劳动成果的完成人员，有在相关成果文件上拥有署名权和获得相应荣誉、奖励的权利。

第十七条　违反本规定，擅自转让、变相转让以及擅自许可使用资源库知识产权，或造成资源库知识产权流失和损失的，建设单位对直接负责人员给予相应的行政处分，侵权行为触犯刑律将依法追究其刑事责任。

第十八条　任何单位和个人有权监督本办法的执行，并有责任劝阻，制止和举报违反本办法的人员和行为。对举报有功的单位或个人要予以保护和奖励。

第十九条　对知识产权保护工作，建设单位将定期或不定期地对有关人员给予相应的精神或物质奖励，或通报批评、处罚。

第二十条　对未及时采取保护措施给资源库知识产权造成损失的，应追究直接责任者和单位主要负责人的责任。必要时给该单位负责人及有关人员以行政处分，严重的提交司法部门处理。

### 第五章　附则

第二十一条　知识产权的保护时效及其他产权界定等问题按国家有关法律、法规的规定执行。本办法未尽之规定，以最大限度保护资源库知识产权及其可持续发展为原则处理。

第二十二条　本规定由资源库知识产权领导小组负责解释。

第二十三条　本规定自发布之日起实施。

## 附件 4　文秘专业教学资源库质量监督管理办法

### 文秘专业教学资源库质量监督管理办法

为建立全面的质量监督管理体系，健全资源库质量审核机制，优化资源库应用环境，确保文秘专业教学资源库建设和应用质量，结合实际，特制定本办法。

第一条　质量管理目标

立足文秘职业发展，按照文秘专业人才培养目标、培养规格和质量标准，遵循“整合资源、共建共享、服务社会”的原则，通过网络信息技术和远程教育手段，建设满足文秘专业的资源共享、相互交流的开放式平台。

第二条　质量管理主体

建设单位与共建单位联合成立质量控制领导小组，下设资源库质量管理办公室。质量控制领导小组是资源库质量管理的领导机构，负责对资源库的质量管理，其主要职责是：

1. 对库内资源的合法性、科学性、教育性、技术性、艺术性及知识产权进行监督和管理。

2. 做好资源库内教学资源发布前的质量审核工作。

3. 定期对资源库内教学资源进行维护和更新。

第三条　质量管理方式

1. 不断优化资源库应用环境，构建多功能、多层次、多元化的应用环境。

2. 资源库内容上传前，做好内容的审核把关。

3. 及时更新资源库内容。

第四条　资源库内容要求

1. 充分利用行业企业资源，采取“企业需求在前，学校开发在后；课程开发在前，资源建设在后；课程标准在前，课程设计在后，网络平台同步跟进”的建设方式。

2. 以“以用促建、共建共享、开放建设、动态更新”为目标要求，将资源库内容的持续更新与完善贯穿于资源库建设集成及应用推广的全过程。

第五条　资源库质量的监督检查

1. 实施季度督查制度和年度检查制度，压实资源库工作责任落实。

2. 根据建设进度和完成质量进行付款。

3. 建立情况通报、信息共享、督查联动机制，提高资源库建设效率。

## 附件5　文秘专业教学资源库共建共享联盟章程

### 文秘专业教学资源库共建共享联盟章程

#### 第一章　总则

第一条　本联盟的名称为文秘专业教学资源共建共享联盟（以下简称联盟）。

第二条　联盟目标是服务“一带一路”倡议，加快中国文秘专业发展，提高从业人员素质，实现行业企业、专业院校教学优势互补、资源共建共享，推动优质教学资源向全社会开放。

第三条　联盟是一个松散的、不排他的、开放的战略联盟群体，不具有法人资格。

第四条　联盟是推动资源库教学资源建设、共享的协作组织，由致力于资源库教学资源建设的社会组织和个人自愿组成。

第五条　联盟严格遵守中华人民共和国宪法、法律、法规，尊重版权，贯彻国家有关法律法规。

第六条　联盟由浙江金融职业学院、安徽商贸职业技术学院、河南经贸职业学院、广东科学技术职业学院、嘉兴职业技术学院、荆州职业技术学院、台州科技职业学院、铁岭师范高等专科学校、浙江建设职业技术学院、浙江经贸职业技术学院、浙江育英职业技术学院、河南缮文档案管理有限公司、浙江伍一技术股份有限公司嘉兴分公司、湖北生生人力资源股份有限公司、中创慧文（北京）科技有限公司、童蕴学堂——银州区文熙儿童娱乐园、杭州诚澄网络科技有限公司、杭州白杨街道闻潮社区、安徽迪科数金科技有限公司、浙江福林国润汽车零部件有限公司、杭州洞见品牌管理有限公司、杭州宝仑会议服务有限公司、杭州有知有趣教育科技有限公司等单位联合发起，并积极吸纳更多成员。

## 第二章　组织机构

第七条　联盟成立理事会，理事会负责联盟的决策、指导和协调事宜，根据需要设常务理事会。

第八条　理事会设理事单位、常务理事单位若干。理事单位、常务理事单位由联盟全体成员单位选举产生，任期三年。

第九条　理事会设会长一名，副会长若干名，秘书长一名，副秘书长若干名。

## 第三章　联盟成员

第十条　联盟成员须具备的条件

（一）具备独立法人资格的社会组织和个人；

（二）愿意参与专业教学资源共建共享。

第十一条　联盟成员的权利

（一）选举权和被选举权；

（二）对联盟的重要决定、重大事项有审议权和表决权；

（三）通过联盟获取文秘专业教学资源，享受联盟的增值服务。

第十二条　联盟成员必须履行的义务

（一）遵守联盟章程、执行联盟决议；

（二）积极发挥优质教育资源在教学中的应用，及时总结经验，提高优质教学资源的使用率；

（三）保护知识产权，抵制各种侵权行为。

第十三条　符合要求并愿意遵守本章程规定的企事业单位，均可向理事会提交加入联盟书面申请，经理事会资格审查、批准后取得联盟成员资格。

第十四条　退出机制

（一）成员自行退出联盟的，退出联盟成员须向理事会提出书面申请，一经退出，将不再享有联盟成员的权利；

（二）联盟成员违反章程及有关协议、规约或一年以上不履行义务的，可劝其退出联盟。

### 第四章　主要任务

第十五条　联盟秉持“开放、跨界、互利、共享”理念，鼓励联盟单位共享优质资源，推动联盟成员单位之间的合作共建。

第十六条　联盟主要围绕资源库教学资源共建共享，促进参与单位在资源库教学资源共建共享工作中的紧密合作、互惠互利，提高教学资源使用率，推动教学资源向全社会开放，促进教育及终身学习发展。

第十七条　联盟致力于建立资源建设与应用的长效机制、工作运行机制和有效的沟通协调机制等，为资源库持续建设提供有力保障。

第十八条　联盟定期举办研讨会，积极推动专业课程及教学资源开发研究。

## 附件 6　文秘专业教学资源库学分互认管理办法

### 文秘专业教学资源库学分互认管理办法

为有效激励院校学生应用文秘专业教学资源库，加强教学资源共享，增强学生学习的选择性，提高教学质量，完善教学管理制度，结合实际，特制定本办法。

第一条　学分互认的范围

1. 院内不同专业修读的资源库课程。

2. 联合院校在资源库内开设的专业课程。

3. 联合院校在资源库内开设素质拓展课程。

4. 学生自主发展课堂的课程。

第二条　学分互认的原则

1. 申请认定专业课或选修课，其原课程的教学内容必须与认定课程内容相同或相近内容达到 70%以上，学分相同或高于认定课程。

2. 申请认定辅修课程，认定原则与 1 相同。

3. 院外修读的课程内容和学分数与本专业教学计划内课程差异较大，可申请认定为个性课程或公共选修课程。

4. 跨专业修读的与本专业教学计划无关的课程以及在本专业修读的其他方向的专业方向课程均认定为个性课程或公共选修课。

5. 申请认定职业技能（资格）证书课程的学分，其证书必须属于国家级机构颁发。

6. 本院修读的公共选修课原则上不允许认定为专业课或专业选修课。

7. 学分不能重复认定，课程及学分认定后原则上不得修改。

第三条　学分认定办法

1. 课程学分认定办法

院内课程的学分互认，其课程名称、学分、成绩不变，课程性质按专业教学计划课程性质认定。

院外修读课程的学分，凡认定为公共必修课程或专业课程，其课程名称、学分及课程性质原则上按学生所在院校教学计划课程录入；凡认定为选修课程，其课程名称和学分按学生所在院校课程库内已有的类似课程名称及学分录入；若学生所在院校确无类似课程，可按实际修读课程名称及学分录入。院校外课程的名称可按照课程原文名称录入。

若院外修读课程的学分与学时的换算标准与学生所在院校不同，则需按学生所在院校学分与学时的对应关系重新换算学分。如院校外修读课程成绩为百分制则按原成绩录入；如为等级制则按以下标准换算：A＝90 分（A+、A−均视为 90 分，以下同），B＝85 分，C＝75 分，D＝65 分。

2. 职业技能（资格）证书课程学分认定办法

各类职业技能（资格）证书课程均由学生所在系（部）认定。

各类职业技能（资格）证书课程可认定的学分总数最高为 3 学分。

与专业相关的职业技能（资格）证书课程可申请认定为专业方向课学分，与专业无关的职业技能（资格）证书课程可申请认定为个性课程。各系（部）须提前将本专业可认定的职业技能（资格）证书类别及对应的认定课程名称及学分数报教务处备案，不在备案范围的证书不予互认。

职业技能（资格）证书按对应的认定课程名称及学分录入教务系统，成绩可按证书级别以五级制（百分制）或二级制录入。

## 附件 7　文秘专业教学资源库新技术应用推广管理办法

### 文秘专业教学资源库新技术应用推广管理办法

#### 第一章　总则

第一条　为了促进科技成果推广转化，提高学校和企业科技创新水平，规范新技术推广应用工作，推进高等学校服务经济发展，加速科技成果转化，加强高校与企业的合作，根据《中华人民共和国促进科技成果转化法》和有关法律、法规，学校与企业合作的实际，特制定本办法。

第二条　本办法所称的新技术，是指经过鉴定、评定的先进、成熟、适用的新技术、材料、工艺、产品等的总称。校企共建新技术应用开发中心是教学资源库与企业科技创新体系的重要组成部分，是教学资源库研究平台的重要基地。

第三条　推广应用新技术应当遵循有利于学校与企业可持续发展，有利于促进科技进步，有利于提高经济效益、社会效益和环境效益的原则。遵循自愿、互利、公平、公开、诚实信用原则，依法或者依照合同约定，享受利益，共同承担风险。

第四条　新技术推广应用程序：

（一）新技术引进单位向新技术开发中心提交新技术评定申请；

（二）开发中心接受申请后，按新技术评定应具备的条件进行评定，并形成《新技术评定报告》；

（三）新技术开发中心引进单位对新技术进行现场试验；

（四）试验结束后，由开发中心组织专家进行验收，形成《新技术推广项目验收报告》，进行新技术的引进推广工作。

## 第二章　性质、目的、任务

第五条　性质。根据教学资源库教学平台要求，充分利用和发挥高校科学技术研究的资源优势和企业吸纳、转化科技成果的市场优势，采取合作、共建方式，建立研究开发中心。

第六条　目的。旨在推动学校、企业及相关行业的科技进步，促进企业成为技术开发的主体，促进高校与企业的结合，提高科研成果的工程化、商品化水平，解决科研选题的针对性和成果转化中在工艺、装备、测试、标准及产品质量等方面的薄弱环节。通过校企双方的共同建设，全面提升高校和企业科研水平和开发能力，使之成为新产品、新技术的研究基地、开发基地和推广基地。

第七条　开发中心的主要任务。

（一）合作开展专业建设：资源库领导工作组不定期邀请企业代表举办专业建设研讨会、讲座；

（二）合作开展科研技术服务：发展校企科研开发项目，走产学研相结合之路，提供共同参与开发科研项目、技术服务的机会；

（三）根据经济发展和市场需要，针对行业或领域发展中的重大技术问题，在自主研究和引进技术的基础上，持续不断将科研成果进行工程化研究开发，为企业提供成熟配套的装备、工艺、技术，并不断推出新产品；

（四）参与企业引进技术和装备的消化、吸引与创新，为企业提供技术支持；

（五）为企业和行业提供工程技术培训，具备条件的可以承担高层次工程技术人才和管理人才的培养任务；

（六）参与企业技术发展规划的制定，并为本企业技术进步提供技术支持；

（七）实行对外服务。接受国家和地方有关部门、企业、高等学校和科研机构委托的工程技术研究、试验项目和科技服务项目，面向社会开展技术咨询服务；

（八）开展多种形式的对外合作与交流。

## 第三章　运行机制

第八条　开发中心实行校企合作委员会领导下的中心主任负责制。同时设立专家委员会，对研发中心的工程技术研究和开发活动进行指导。中心主任负责中心的日常管理工作，执行校企合作委员会的各项决策。

第九条　校企合作委员会是开发中心的决策机构。委员会由中心所在高校、合作共建企业协商产生。委员会主要负责制定委员会章程；审定研发中心的研究开发方向、发展规划、年度计划；审定中心经费预算、决算；聘任及考核中心主任和专家委员会成员；决策中心的有关重大事项。

第十条　开发中心的建设资金，采取“企业投入为主，学校扶持，政府资助”的原则。

第十一条　开发中心所形成的技术成果、专利、发明等知识产权均为研发中心与投资者共有，也可通过协商确定其归属。成果主要完成人可按有关法规享有相应权益。

## 第四章　原则与程序

第十二条　引进原则与程序

（一）所引进的企业与专业对口，有利于专业或专业群的发展。愿意并且能够承担学校的教学、实训、技术服务、培训等工作；

（二）企业具有规范的营业执照，遵守国家法律、法规，遵守学校的有关安全、管理制度；

（三）签订协议：校企双方需从合作目的、意义、内容、权利义务、合作期限等方面撰写清楚；所签协议的蓝本由新技术开发中心提供。如涉及学校财务的事项要审计后方能签署。作为急需开展的项目，可单独举行仪式，由教学资源库领导工作组领导审阅后与合作方共同签署；若工作需要而来不及签署协议，必要时可签订意向书，待条件成熟时再签订协议。

（四）开发中心职责：开发中心负责人要签订责任书。明确职责与任务，按时按量完成任务。要负责学校与企业之间的协调工作，及时、妥善处理项目合作中出现的各种问题。

开发中心负责人要全面负责项目的自我管理，应保存好项目全部资料，记载从项目申请、立项、开展到结题全过程的重要资料。

第十三条　校企合作项目的监督考核

（一）校企合作项目的监督

教学质量监控办公室要敦促合作项目者落实各有关合作具体措施，并要求填报数据采集平台。督促各有关项目负责人到期要提交的年度总结、项目总结、考核报告及有关的文字资料；开发中心要对项目进行跟踪，项目签订协议后一个月内，项目负责人要向开发中心进行汇报，若迟迟未能落实措施，开发中心与相关院系或企业采取措施帮助落实。

（二）成果的推广：开发中心要建立校企合作的成果档案，技术成果提供给教学资源库领导工作组；开发中心需动态地掌握校企合作的情况，随时根据动态情况反映在教学资源库数据采集平台上，将有关成果向企业和社会推介。

### 第五章　附则

第十四条　本管理办法由新技术应用开发中心负责解释。

第十五条　本办法自发布之日起执行。

## 附件8　文秘专业教学资源库教师信息化能力培养与考核办法

### 文秘专业教学资源库教师信息化能力培养与考核办法

### 第一章　总则

第一条　文秘专业教学资源库，对教师应用信息技术的能力和水平提出了新的挑战。为保障教学资源库顺利运转、发挥实效，充分利用和发挥现代教育设备的优势，全面提高学校教育教学质量，特制定本办法。

第二条　考核原则全员参与，分层考核、分类检查、逐年提高。即全体在编教师的年度考核均必须有信息技术教育方面的内容；根据教师年龄的实际情况，从考核的日期开始计算，离退休不足五年的为老年教师，其余的为中青年教师，分类进行考核。考核的内容逐年调整，考核的要求逐年提高。

## 第二章　考核标准

第三条　把教师积极建设、使用和推广教学资源库作为教师一项必备的能力，和教师职称评聘、评优评先、绩效工资等挂钩。

第四条　积极参加信息技术培训。教师应积极参加各级各类信息技术培训，将自学与集体培训有机结合，认真完成各项培训作业，取得良好成绩。信息技术教师应认真参加教研活动和信息技术应用培训。通过培训，使教师了解信息技术所必需的教育理论和观念，逐步掌握信息技术知识与技能，以更好地为教育教学服务。将教师参与培训的情况和成绩作为年终考核的一个重要方面。

第五条　注重信息技术与学科整合，使信息技术作为教学工具和学习工具发挥应有的作用。教师应积极主动地运用多媒体组合辅助课堂教学，变抽象为具体、尽可能地为学生呈现生动有趣的教学情境，有效地突破重难点，提高课堂教学效率。每学期，每位教师能自觉地应用多媒体辅助教学不少于15 节；青年教师具备运用网络环境教学的能力，每学期不少于 2 节。在学校的有效教学活动中，青年教师能把信息技术作为教学手段之一组织课堂教学。学期末每位教师按标准上交教学案例。

第六条　加强个人资源库建设。能自觉地充实和完善个人资源库。按照“教学设计”“教育教学论文”“教学反思”“测试题”“教学资料”“课件”等方面分门别类地加以搜集和整理。学期末及时上传到校园网络平台，充实专业教学资源库，便于教师互相学习和借鉴。

第七条　充分利用网络上传和下载教育教学资料，实施网上备课、提高工作效率、达到资源共享。

第八条　信息技术教师应加强硬件的维护和管理，保证网络安全，协助学校设计信息化建设方案，为师生提供良好的信息化教学环境，收集和整理已有的学习资源，严格按照课程计划上好信息技术课，定期对学生的学习效果进行考核。

### 第三章　教师考核办法

第九条　考核由学校组织进行，利用考核的导向作用做好信息技术教育的各项工作。考核工作要实事求是，要做到公平、公正、公开。

### 第四章　附则

第十条　本办法自公布之日起实行。

## 附件 9　网络教学（网络公选课）教师工作量认定暂行办法

### 网络教学（网络公选课）教师工作量认定暂行办法

学院基于自主学习平台，引进、建设了多门网络公共选修课程，以拓展学习者选修范围、促进优质教学资源共享，为增进师生之间的交流、提升教师网络教学的积极性、保障学习者网络学习效果，特此制定基于自主学习平台的教师网络教学（网络公选课）工作量认定暂行办法。

一、认定原则

过程性原则：课时认定关注教师网络教学过程的连续性以及网络教学活动分布的均衡性，鼓励教师利用碎片化的时间多频次地参与网络教学运行。

拓展性原则：教师开展网络教学的基本教学资源，如教学大纲、教学课件、讲义、试题等内容不包括在内，主要针对教学交互过程中动态拓展的相关资源开展认定。鼓励教师以主导的身份，积极与学习者互动，不断地引导、激励学生。

激励性原则：课时认定以激励教师网络教学的积极性为前提。鼓励教师积极参与网络教学，在基于网络公选课基本课时量统计的基础上，结合专家评审意见及网络教学数据分析，评定相应网络公选优质课（不超过课程总量的 20%），在基本课时数认定的基础上，给予课时量（网络公选课实际课时核定量）20%的上浮空间。

二、认定周期及时间

教学工作量认定每学期开展一次，与日常教学课时工作量认定同期进行。

三、认定上限

教师网络教学工作量的认定原则上不超过实际课时核定量的 20%。

四、认定办法

1. 课时量认定标准（表 11-1）

此核算认定标准以 2 学分/12 周/36 课时，3 课时/周，40 人班级为基础制定；实际课时量核算认定标准结合表 11-2，进行折算核定。

**表 11-1　课时量认定标准**

<table>
<tr><th>认定模块</th><th>认定项目</th><th>工作量认定标准</th><th>工作量认定</th></tr>
<tr><td rowspan="3">基本信息</td><td>登录次数</td><td>周登录次数不低于 4 次</td><td rowspan="3">课时认定上限：6 课时<br>登录时长 = 每周登录时长×周数×（达标周数/总教学周数）：120×12×（12/12）= 1440 分钟（即 24 小时 = 6 课时）<br>实际课时量 =（登录时长/1440）×6 课时</td></tr>
<tr><td>登录时长</td><td>周登录总时长不低于 120 分钟</td></tr>
<tr><td>登录操作</td><td>每次登录需进行相应教学操作</td></tr>
<tr><td rowspan="4">教学过程</td><td>作业批改</td><td>每学期布置作业不低于 6 次（含章节作业），其中非客观型作业（平台无法自动批改）不低于 2 次，非客观题目批改需给予学生点评反馈</td><td>课时认定上限：9 课时<br>批改次数 = 作业次数×人数×（达标次数/总次数）：6×40×（6/6）= 240 次（即 240 次 = 9 课时）<br>实际课时量 =（批改次数/240）×9 课时</td></tr>
<tr><td>讨论答疑</td><td>①与课程教学内容相关<br>②班级讨论答疑覆盖率 50%<br>③教师设置讨论主题不低于课程章节（项目）数的 1/2<br>④教师每周讨论答疑次数不低于 20 次</td><td>课时认定上限：6 课时<br>讨论答疑次数 = 覆盖率×人数×周数×（达标周数/总教学周数）：50%×40×12×（12/12）= 240 次<br>实际课时量 =（讨论答疑次数/240）×6 课时<br>（如经指导教师有效引导，激发学生个体间自主在线讨论答疑，可折抵为教师工作量。）<br>学生讨论答疑 5 次 = 教师讨论答疑 1 次</td></tr>
<tr><td>线下授课</td><td>部分课程根据需要组织学生进行线下授课</td><td>课时认定上限：4 课时<br>根据实际授课课时认定</td></tr>
<tr><td>考试（论文）</td><td>每学期期末组织期末考试（课程论文）</td><td>课时认定上限：2 课时<br>通过率：75%以上<br>课时认定系数：1.0<br>60%～74%：0.9<br>60%以下：0.8<br>实际课时量 = 课时认定系数×2 课时</td></tr>
</table>

续表

| 认定模块 | 认定项目 | 工作量认定标准 | 工作量认定 |
|---|---|---|---|
| 教学资源 | 更新率 | 每学期教学资源更新率不低于10%。<br>更新率=更新资源数/资源基数≥10% | 课时认定上限：3课时<br>更新率≥10%，认定3课时<br>更新率<10%，认定1课时<br>资源基数：课程上线时，视频、PPT、文档、试卷四类课程资源总数<br>更新资源数：课程教学过程中，视频、PPT、文档、试卷四类课程资源更新总数<br>首次开课核算：首次开课此项标准认定为3课时（尔雅课程除外，需补充更新资源） |
| 教学效果 | 学生学分认定通过率 | 学生通过学分认定获得相应学分 | 课时认定上限：2课时<br>通过率：课时认定系数<br>75%以上：1.0<br>60%~74%：0.9<br>60%以下：0.8<br>实际课时量=课时认定系数×2课时 |
|  | 学生在线评测 | 课程结束组织在线调查，测评等级（优秀、良好、合格） | 课时认定上限：2课时<br>测评等级：<br>优秀率：课时认定系数优秀：75%~100%：1<br>良好：60%~74%：0.8<br>合格：60%以下：0.6<br>实际课时量=课时认定系数×2课时 |
| 教学反思 | 教学反思 | 根据所负责网络课程的实际情况，以学习结果分析为基础，阐述教学思路、教学方法与艺术以及网络教学过程中的相关问题，并提出相应改进意见 | 课时认定上限：2课时<br>（交教务处审核后核算工作量） |

2. 实际课时量认定

（1）实际课时量认定核算标准：基本课时认定标准按实际人数与基础标

准相结合，按比例调整（包括“讨论答疑次数”“作业批改”认定标准）（表11-2）。

**表 11-2　实际课时量认定核算标准**

| 课程人数 | 标准核算基准 |
| --- | --- |
| 30 人以下 | 30 人 |
| 30~59 人 | 40 人 |
| 60~79 人 | 60 人 |
| 80~99 人 | 80 人 |
| 100 人以上 | 100 人 |
| 200 人以上 | 200 人 |

（2）班级人数折算系数如表 11-3 所示。

**表 11-3　班级人数折算系数**

| 课程人数 | 课时系数 |
| --- | --- |
| 30 人以下 | 0.9 |
| 30~59 人 | 1.0 |
| 60~79 人 | 1.1 |
| 80~99 人 | 1.2 |
| 100 人以上 | 1.3 |
| 200 人以上 | 1.6 |

五、说明

本办法仅适用于网络公选课教学工作量认定，自文件发布之日起施行，由教务处负责解释。

# 参考文献


[1] 程美，欧阳波仪．职业教育智慧教学［M］．北京：北京理工大学出版社，2021.

[2] 吕红．中国职业教育国际化策略研究［M］．重庆：重庆大学出版社，2022.

[3] 李树陈．现代职业教育理论研究［M］．长春：吉林人民出版社，2020.

[4] 李灿辉．高职院校教学资源库建设与实践研究［M］．长春：吉林出版集团，2019.

[5] 肖君．教育资源库使用效益评估模式及其实证研究［M］．上海：上海交通大学出版社，2014.

[6] 何俐．信息化环境下高职院校专业教学资源库建设研究［M］．长春：吉林人民出版社，2017.

[7] 姜大源．论高等职业教育课程的系统化设计——关于工作过程系统化课程开发的解读［J］．中国高教研究，2009（4）：66-70.

[8] 刘锐，王海燕．基于微课的“翻转课堂”教学模式设计和实践［J］．现代教育技术，2014（5）：26-32.

[9] 贺平．项目教学法的实践探索［J］．中国职业技术教育，2006（22）：43-44.

[10] 楼淑君．高职学生职业核心能力培养探析［J］．理论界，2008（12）：196-197.